혼자 마시는 술

혼자 마시는 술

초판 1쇄 인쇄　2009년 11월 14일
초판 1쇄 발행　2009년 11월 21일

지은이 | 박연우
펴낸이 | 손형국
펴낸곳 | (주)에세이퍼블리싱
출판등록 | 2004. 12. 1(제315-2008-022호)
주소 | 157-857 서울특별시 강서구 방화3동 822-1 화이트하우스 2층
홈페이지 | www.essay.co.kr
전화번호 | (02)3159-9638~40
팩스 | (02)3159-9637

ISBN 978-89-6023-299-0 03810

박연우 에세이

혼자 마시는 술

ESSAY

| 머리말 |

책을 엮어내기까지에는 오랜 망설임이 있었다. 과연 이런 글들이 책으로 엮어질 만큼 가치가 있는 것일까. 어쩌다 서점에 들를 때마다 서가에 꽂혀 있는 수많은 도서들이 나를 압도하며 '나 같은 사람이 감히 제 책을 만들어 보아야 그게 무슨 뜻이 있으랴?' 하는 생각이 책을 내려는 욕심을 꺾어버리곤 했다.

그러나 하염없이 바다에 떨어지는 빗물 중의 한 방울이 바다를 넘치게 할 수는 없지만 그것이 모여서 바닷물을 이룬다. 한 알의 빗방울이라도 좋겠다는 용기로 이 책을 펴낸다.

나는 본시 글 쓰는 것이 업이 아니다. 사는 동안 생활공간에 여유가 있을 때 나의 내면에 고여 있던 느낌과 생각의 흐름들을 그냥 글로 옮겨 봤을 따름이다. 그런 글들을 인터넷 카페에 실어 왔었고 그들 중에서 몇 편을 추려 책을 만들었다. 모자랄지언정 내가 살아가는 모습을 열어내 보이는 것인데 계면쩍음이 가시지 않는다.

2009년 10월

| 차 례 |

머리말 5

제1장 누가 내게 이런 걸 좀 물어봐 줘

지천명知天命에서 이순耳順까지 11
누가 내게 이런 걸 좀 물어봐 줘 15
사라져가는 것들에 대한 추억 18
제일 나중 늙는 것이 마음이더라 26
대추나무의 고집과 고독 30
겨울 갈대 35
희망 사항– 여든에 내가 살아가는 모습 38
사람 살아가는 분위기 45
아무리 족집게 도사가 용하다한들 52

제2장 손자의 장난감을 고르며

손자의 장난감을 고르며 57
수족구염手足口炎 63
요렇지 않은 놈은 내 손자가 아니지 69
행복 72
이런 며느리이면 좋겠다 76
이 나이에 아직도 가슴 설레며 기다리는 것이 있다 80
꿈같이 보낸 일주일 86

제 3 장 보신탕집 아줌마의 눈물

보신탕집 아줌마의 눈물 103
골목 안 사람들 108
노랑제비꽃 116
자네 백수인 거 다 알아 121
혼자 마시는 술 126
따뜻한 겨울 135
여름 140
꽃보다 잎, 잎보다 열매, 그리고 나무 144
경청傾聽과 목계木鷄 149
호기심으로 들여다본 초고대 문명 157
창세기 실험 166

제 4 장 겨울 나그네 흉내내기

고등어 통조림을 가장 맛있게 먹은 이야기 177
울릉도 인상 184
늦가을, 순천만의 풍경 188
겨울 나그네 흉내 내기 192
아직도 목련 꽃망울은 터지지 않았다 207

제 1 장

누가 내게 이런 걸 좀 물어봐 줘

지천명知天命에서 이순耳順까지

누가 내게 이런 걸 좀 물어봐 줘

사라져가는 것들에 대한 추억

제일 나중 늙는 것이 마음이더라

대추나무의 고집과 고독

겨울 갈대

희망 사항 – 여든에 내가 살아가는 모습

사람 살아가는 분위기

아무리 족집게 도사가 용하다한들

혼자
마시는
술

지천명知天命에서 이순耳順까지

초겨울 저녁, 북한산 자락 오두막 순댓국집 유리창에 하얗게 김이 서린다. 마누라와 꼬부랑 할머님을 함께 모시고 온 초로의 사위가 순댓국을 대접해 드린다.

"어머님, 이 집 순댓국이 제법 소문난 거예요. 이 다진 양념을 풀어서 한 번 드셔 보세요."

좀 과장된 행동으로 생색을 내면서 권하지만 꼬부랑 할머니는 오시느라 힘이 드셨는지 간신히 허리를 편다. 그 역시 늙기 시작하는 딸은 말없이 다진 양념 한 숟갈을 듬뿍 떠서 어머니 장국에 풀어 드린다.

반쯤 열린 문 밖에 희끄무레한 가로등 밑으로 소리 없이 차디찬 어둠이 깔려온다. 머리고기 한 접시, 소주 한 병을 달랑 앞에 놓고 이렇게 한가한 광경을 즐기는 것도 나에겐 한 가지 재미다. 지천명知天命 나이도 끝나가고 이순耳順의 문턱에 섰는데, 나는 아직도 낙엽이 떨어지는 산모퉁이에 앉아 하모니카를 불고 싶다. 나는 가끔 달 밝은 밤에 하얀 창호지문을 열어 놓고 가야금 소리를 듣고 싶다.

30대만 해도 뻗치는 머리카락을 다듬기 위해 포마드를 반지르르하게 발라 잠재웠건만 어느새 머리카락은 매가리 없이 가늘어지더니 이제는 그 가늘어진 머리카락마저 낙엽처럼 지고 나더니 추수한 논바닥처럼 휑하니 머리 살갗이 드러난다.

머리가 하얗게 돼서 백수白首가 되고, 하던 일거리를 놓아버려서 백수白手가 된 친구들, 그런 친구들과 만나서 습관처럼 산엘 오르고 또 습관처럼 탄성을 발한다.

"아, 나뭇잎이 벌써 파랗게 움이 트는구나."

"허어, 온 산이 진달래꽃으로 덮였네."

"비 한 줄기 내려 쏟더니 물소리 한 번 장하다."

"만산홍엽일세."

계절 따라 그저 그런 감탄사가 나오지만 으레 푸념도 한두 마디씩 나오게 마련이다.

"자네는 화백(화려한 백수)이니 그래도 나 같은 불백(불쌍한 백수)보다야 낫지" 하는 따위의 말을 하면서 낄낄댄다. "이 친구야, 그래도 자네 나이 60이 되었으니 마음을 비우고 그런 것이 농담이 되고 웃을 수가 있지, 삼사십대였더라면 울어도 시원치 않았을라."

"그대는 한 송이 꽃과 같이 아름다워, 그대를 바라볼 때마다, 내 가슴 속엔 슬픔이 어린다"는 하이네의 달콤함보다는 "동해 작은 섬 물 가장자리에서 게와 노닐다가 첫사랑 아픔을 생각하면서 벗들이 모두 나보다 훌륭해 뵈는 날엔 꽃을 사와서 아내와 즐긴다"는 어느 일본 시인의 애상이 더욱 가슴을 적신다.

인간의 죄를 대속하기 위해서 십자가에 못 박혀 돌아가신 예수님의 치열한 사랑은 숭고하지만 우화寓話를 통하여 무위자연주의無爲自然主義를 설說하는 장자莊子에게 인간적으로 더욱 가까움을 느낀다. 본디 존재하는 모든 것이 공空하고 허虛한 것일진대, 알량한 인간의 지식이 분별하고자 하는 선善과 악惡, 옳고 그름 따위의 구분은 당초부터 하나에서 나온 것이란다. 무엇에도 자신을 맞출 필요가 없이 텅 빈 마음이 되어 신발이 발에 꼭 맞을 때 발의 존재를 잊듯이, 마음이 옳으면 모든 옳고 그름의 판단을 잊는단다.

그런데 나는 아직도 빨간 양산을 받치고 가는 젊은 여인의 하얀 팔뚝을 보면 메마른 가슴에 샘이 솟는다. 영화를 보더라도 샤론스톤의 목욕하는 장면이 더 좋다.

20에 입지立志한다던데 겨우 술 먹고 흰소리 하는 것 배웠고, 30에 입신立身한다던데, 겨우 월급 타서 입에 풀칠하였으며, 40에 불혹不惑한다더니 고집불통이 되어 저 옳은 것만 우기지 않았던가!

네 이놈, 아직 네 주제도 파악(지천명知天命)하지 못하였거늘 하물며 세상의 이치에 순하려(이순耳順) 하는다?

누가 내게 이런 걸 좀 물어봐 줘

누가 내게 이런 걸 좀 물어봐 줘.
아침 잘 먹었느냐고.
늙은 마누라가 갓 지어준 하얀 쌀밥 한 사발,
가운데 옴폭 판 자리에
노오란 날달걀 한 알 탁 까서 넣은 다음
진간장 한 술 다시 넣어 싹싹 비비고
된장에 버무린 머위 잎사귀
숟가락마다 처억처억 얹어서
우적우적 잘 먹었지.

누가 내게 이런 걸 좀 물어봐 줘.

낮에는 무얼로 소일하느냐고.
햇빛 좋은 날엔
마당에 떨어진 볕 한줌 바라보는 것도 좋고
비오는 날엔
나뭇잎에 떨어지는 빗방울 소리를 들어도 좋고
그도 저도 싫증이 나면
바지주머니에 깊숙이 손 찔러 넣고
어슬렁어슬렁 길을 나서서
책가방 찰랑찰랑 어깨에 메고
졸졸졸 흐르는 시냇물처럼 조잘대며 지나가는
꼬맹이들 머리를 한 번 쓰다듬어 봐도 좋지.

누가 내게 이런 걸 좀 물어봐 줘.
밤새 안녕히 지내느냐고.
내일 아침 새벽 밥 맛있게 먹을 궁리에
꿈자리가 달콤하지.
그리고 잠자리에서는 아무 일도 하지 않아.
정말 아무 일도 없다니까!

그런데 늬들은 살아가는 재미가 얼마나 쏠쏠하길래

내게 이런 걸 물어주는 사람 하나도 없냐?

사려져가는 것들에 대한 추억

생각해 보면 우리 세대만큼이나 살아가는 당대에 생활 그 자체가 거의 송두리째 변화를 맞은 세대도 매우 드물 듯하다. 내가 태어났던 1940년대는 제쳐 두더라도 기억의 편린이나마 남아 있는 1950년대 무렵의 생활과 현재의 생활에서 사라져 버리거나 바뀐 것을 스쳐가는 생각대로 적어 본다.

의식주 중에서도 먹는 것이 으뜸이라고 하는데 그래도 먹을거리 중에서는 새로이 생겨난 것이 많이 늘었을 뿐 사라진 것은 찾아보기가 힘들다. 그만큼 옛 것에 더하여 먹을거리는 다양해졌다는 말인데, 굳이 사라진 것을 들자면 피란 시절 시골에서 학교 다니던 길에 '먹는 흙' 이라는 쫀득거리는 맛의 빨간 진흙을 도로 절개면에서 찾아 꼬마들의 그 쇠꼬챙이 같은 손으로 후벼 파 먹던 기억이 남아 있다. 몇 년 전까지만 해도 무악재 고개 어디쯤인가 길 옆 낭떠러지에 허름한 토굴이 하나 있었고 그 토굴 문짝에 서툰 글씨로 '산골 판매' 란 간판이 붙어 있었는데 그 먹는 흙이란 것이 지금은 약으로라도 먹지 않는 산골이었을 것으로 어림한다.

먹을거리야 사라진 것이 드물다 하더라도 음식을 조리하는 부엌 살림살이는 완전히 판이 바뀌어 버렸으니 현대 주거 생활에서 부엌은 식당 겸 주방이라는 유식한 호칭을 얻었으며 그 시절 부엌의 터줏대감이었던 부뚜막은 그 단어 자체가 사전에서나 찾아 볼 수 있는 낱말이 되어 버렸다. '부뚜막의 소금도 입에 넣어야 짜다' 는 속담은 '싱크대 위의 라면 수프도 털어 넣어야 맛을 안다' 로 바뀔 판이다.

부뚜막이 없어졌으니 아궁이도 없어졌고 아궁이 앞에서 청솔가지를 꺾어 넣으며 매운 연기에 눈물 콧물 짜면서 며느리 동서 간에 주고받던 정담은 텔레비전 시대극에서나 보임직하다.

시커먼 무쇠 가마 솥, 풍로, 풍로에 숯불 피울 때 바람 불어 넣는 풍구, 놋주발, 부엌 한 귀퉁이에 자리 잡았던 커다란 물항아리, 그 항아리에 으레 떠 있던 깨진 바가지, 함석으로 만든 양동이…. 요즘은 냉장고가 바로 저장고 구실을 하지만 뒤꼍에 자리 잡은 장독대는 우리 고유의 먹을거리를 갈무리하는 장소였다. 간장, 된장, 고추장 항아리는 중간 크기, 동치미 항아리가 가장 컸고 김장 김치는 그늘 진 땅에 묻었으며 여름 철 겉절이는 작은 항아리. 겨울 아침에 눈을 뜨면 밤사이 내린 하얀 눈이 장독대 항아리 뚜껑마다 소복이 쌓인 광경은 바라보기에 참 좋았었다.

그런 겨울 날 밤, 따뜻한 아랫목에서 할머니는 우리들에게 이런 옛날이야기를 해 주셨다.

"옛날 옛날 한 옛날에 옹기장수가 하나 살았는데 옹기를 팔러 다니던 어느 날, 간장 종지를 하나 팔고 그 값으로 달걀 한 알을 받았더란다. 느티나무 아래에서 지게를 받쳐 놓고 다리 쉼을 하면서 달걀을 까먹을까 하다가 슬그머니 공상에 빠져들었단다. 이 달걀을 이웃 집 암탉에게 맡겨 병아리를 깨우고 그 병아리를 키워서 또 병아리를 까고… 그래서 닭이 스무 마리 쯤 되면 그걸 팔아서 돼지를 산다. 그 돼지가 새기를 쳐서 늘어나면 암소를 한 마리 사야지. 암소가 송아지를 치고 숫자가 늘면 그걸 팔아 논을 몇 마지기 사고… 그리하여 마침내 부자가 되면… 지금 사는 마누라는 늙어 빠진 게 바가지만 긁어 대니 예쁜 첩을 하나 얻으리라. 아니 하나만으로는 성에 차지 않으니 두엇쯤 얻어 볼까나? 그러면 시앗들끼리 서로 시새움 하면서 싸움질을 할 것인 즉 그때 나는 한껏 목청을 돋우어 이렇게 호통을 칠 것이다. '에잇, 요년들 가장 앞에서 무슨 싸움질이냐! 어서 그만 두지 못 할까!' 하면서 요렇게 작대기를 휘두를 테다. 하면서 지게 받침을 확 뽑는 순간, 지게가 엎어지면서 그의 전 재산인 옹기들이 땅에 떨어져 박살이 나 버렸지."

지금 들으면 매우 불건전한 동화로 들리겠지만 그것도 들어서 삭이기 나름이다. 우리 형제들은 허황된 생각을 버리고 착실하게 살라는 뜻으로 받아들였다.

먹는 얘기는 이쯤 해두고 입는 옷가지들을 살펴본다. 나의 상식 수준으로는 무명과 광목의 차이를 뚜렷이 구분하지 못하겠는데 우리 자랄 때 옷감은 거의 모두가 이것들로 구성되지 않았나 한다. 가장 밑에 입는 사리마다(나는 이것의 마땅한 한글 이름을 모른다)에서부터 외출복 교복을 겸하는 검정 옷, 집에서 놀며 뒹굴며 막 입는 옷, 심지어 이불 홑청에 이르기까지 메리야스를 제외하면 그 두께와 모양만 다르고 껴입는 가짓수가 적고 많을 뿐 감은 무명, 광목이었다.

하기는 메리야스도 무명(면화)에서 뽑아 낸 것이니 목화가 없었다면 어떻게 우리 몸을 온전히 보온하며 살 수 있었을까? 조금 지난 후에는 나일론이란 천이 나와서 대단한 변화를 일으키기도 했지만 말이다.

나에게는 한 가지 예외적인 추억이 있다. 피란 시절 한때 어린애들 옷으로 까만 반바지 옆구리에 흰 줄 두개를 덧 댄 운동복이 유행인 적이 있었는데 그것을 구해 입히지 못하셨던 어머니와 할머니께서 기발한 아이디어를 내셨다. 그 당시 기름에 절인 군용 마대 자루(토치카 구축용)가 아주 흔하게 굴러 다녔었는데 아무리 물자가 귀했던 시절이라고 해도 그 독한 냄새와 만지기만 하면 들어붙는 기름기 때문에 살림에는 아무 쓸모가 없었다. 두 분은 이것을 양잿물(그나마 흔하기나 했나?)에 삶고 빨기를 여러 차례, 마침내 범벅이 된 기름기를 모두 우려내고 그 천으로 나의 운동복을 만들어 입히셨던 것이다.

그 당시 그렇게 질긴 천으로 옷을 해 입은 아이는 나 하나밖에 없었고 꽤나 으스댔던 기억도 있으니 지금 생각하면 두 분 여인네의 눈물겹도록 진한 사랑이 없었다면 누릴 수 없었던 크나 큰 호사였던 것이다.

무명옷은 빨고 말리고 풀 먹여서 다림질 하고 잘 개어서 마무리 하는 과정이 옷에 따라 다르고 천의 두께나 옷의 부위에 따라 여러 가지여서 그것을 다루는 도구도 무척 다양하다.

빨래 할 때 빨래 방망이, 빨래터에는 으레 넓적한 빨래 돌이 물가에 자리 잡고 있었고, 다듬잇돌과 다듬이 방망이, 홍두께, 윗손잡이 달린 다리미, 넓은 천을 다리는 쟁반처럼 생긴 숯불 다리미, 저고리 동정 다리는 인두, 또 그 숯불을 피우고 인두를 달구기 위한 풍로 화로….

겨울철에 햇볕 잘 드는 마루에서 어머니와 할머니가 마주 앉아서 박자를 맞추어가며 다듬이 방망이를 두드리던 모습이나 한 여름에 고부간에 이불 홑청을 맞잡아 당기면서 입에 머금은 물을 뿜어 대고 다리미질을 할 때 이마에 맺혔던 땀방울은 아직 내 기억에 정겨운 장면으로 남아 있다.

지금 생각하면 참으로 미련한 장사꾼이 있었는데 바로 다듬잇돌 장사다. 다듬잇돌 서너 개를 지게에 지고 "다듬잇돌 사려!"를 외치고 온 동네를 다녔으니 무겁기는 얼마나 무거웠겠으며 다듬잇돌이 쉽게 깨지거나 닳아 없어 질 물건이 아니니 며칠에 한 개나 팔았을꼬? 맷돌까지 함께 지고 다녔는지는 기억에 아리송하다.

그에 비하면 "냄비 구멍 때우쇼! 양동이 땜 때우쇼!"를 외치고 다니던 땜질 장수 아저씨의 사업성이 훨씬 좋았겠으나 그의 말년이 납 중독으로 고생이나 안 했는지 사뭇 걱정스럽다.

먹는 것 입는 것 얘기를 했으니 사는 집 얘기를 해야겠지만 하도 바뀐 것이 많아 얘기 꺼내기가 무서워서 그만 두겠다.

다만 한 가지, 주거 생활에 있어서 아주 없어진 것 중 구들장이 있는 데 요즘 젊은 애들 그 낱말 뜻이나 알고 있는지 모르겠다. 혹시 구들장이라 하면 제주도 흑돼지 삼겹살 구워 먹는 프라이팬쯤으로 생각하는지도 모르지. 언젠가 마당에 웃자란 나무를 쳐내려고 당시 중학생이던 아들 녀석에게 도끼를 가져 오라고 일렀더니 이 녀석 되묻기를 "아빠, 도끼가 어떻게 생겼는데?" 하는 것이 아닌가? 하기는 이 녀석 태어날 당시가 구공탄 시절이었고 기름보일러 시대를 지나 지금은 가스나 전기보일러로 발전하였으니 장작 패는 걸 볼 수가 없었고 그러니 도끼 구경을 한 적이 있을 리 없다.

그러나 모두 다 부질없는 얘기일 뿐이다. 뇌리에 남아 있는 추억이 아무리 정다운 것이라 해도 사라지는 것은 사라지는 것이고 새로운 문물이 하루가 다르게 바뀌고 발달해 가는데 그것을 거부하고 마다할 힘도 없으려니와 그럴 상황도 아니다.

길러 주신 어머니 할머니의 사랑은 가슴에 사무치지만 지금 이 시대에 그 분네들처럼 우리 손자에게 기름 먹인 마대 자루를 빨아 옷을 해 입힐 며느리나 딸도 없을 뿐더러 그런 옷을 입고 있을 손자는 상상하기 싫다.

제일 나중 늙는 것이 마음이더라

이즈음 들어 부쩍 빨리 찾아오는 어둠 속에 환히 불을 밝힌 술집 안에 뜨문뜨문 앉아 있는 손님들의 분위기가 한창 무르익어 간다. 내 옆 자리에 40대 초반의 아줌마 한 사람을 가운데 두고 50대 후반쯤의 두 사내가 무언가 진득하게 작업(?)을 진행하고 있다. 아마 돌아오는 일요일에 산행이라도 같이 하자는 것일까?

흘려듣는 얘기 중에 문득 귓전을 스치는 말,

"늙어 가는 중에 제일 나중에 늙는 것이 마음이더라구요. 처음에는 남들이 늙었다고 해도 나는 아직 안 늙었거니 했었는데, 차츰 머리도 세어가고 여기 저기 몸도 제대로 말을 안 듣고… 그래도 그게 늙어서 그런 것인지 느끼지 못하고 사는 일에만 매달리다가 어느 날 갑자기 내가 정말 늙었구나 하는 생각을 하고 보니 어느새 내가 할아버지가 돼 있드라구요. 허, 참!"

듣고 보니 기분 좋게 취해가는 중에서도 그 말이 오랫동안 귓전에 맴돈다.

얼마 전, 동기생 몇이서 전철을 타서 앉아 있었는데 노인네 한분이 서있는 것이 무척 힘겨워 보이기에 자리를 양보하자 한사코 사양을 하는데도 기어코 자리에 앉히고 나서 몇 정거장을 가서 내리자마자 동기생 하나가 꾸짖듯 말했다.

"야, 너나 그 사람이나 똑 같이 늙어 가는데 무슨 자리를 양보한다고 그 야단이냐?"

어라! 내가 아까 그 늙은이와 같은 나이로 보인다니 −나는 적어도 5살은 그 사람보다는 젊었을 거라고 생각했었는데−이런 낭패가 있을 수 없다.

하기는 내가 옛날에는 오래 살았다고 잔치까지 해 주던 환갑이 지난지도 여러 해가 됐으니 늙은이 축에 끼일 수밖에 없겠다는 엄연한 사실에 눈을 뜨자 문득, 그동안은 쳐다보지도 않던 경로석도 이제는 남의 자리가 아니구나 하는 데까지 생각이 미치니 공연히 서글퍼지기도 한다.

한 생명이 태어나고 태어나서 살다 보면 늙게 마련이다. 세상에 늙지 않는 생명이란 없다. 아니, 살아간다는 것 자체가 늙어가는 과정이라고도 할 수 있다. 언제나 그 자리에 우뚝 서서 천년을 변함없이 사는 것 같은 저 늘 푸른 소나무도 세월의 흐름에 따라 늙음을 피할 수 없다.

왕년에 뭇 사람들의 가슴을 설레게 했던 그야말로 별처럼 아름답고 잘생긴 명배우들도 한 동안 안 보인다 하다가는 어느 날 바싹 늙은 모습으로 잠깐 눈에 스쳐 지나가기도 한다. 늙어가는 것을 피할 수는 없지만 늙는 모습에는 살아 온 업에 따라 여러 가지 모습으로 나타난다. 같은 소나무라도 저 유명한 정2품 송처럼 품위 있게 낙락장송이 되는가 하면 분재처럼 배배 꼬여 힘겹게 늙어 가는 것도 있다. 젊어서 아름다웠던 것보다 오히려 노년의 뜻있는 활동으로 훨씬 우아해 보이는 배우가 있는가 하면 스러져가는 젊음의 끝자락을 잡고 안간힘을 쓰다가 끝내 지저분한 스캔들로 사라지는 배우도 있다.

"마음이 가장 늦게 늙는다."

그러나 나는 마음이라도 끝내 늙지 말았으면 좋겠다.

"살아 있는 현재를 누려라.

그대의 삶은 신의 잔치 마당,

이 순간을 놓치지 말고 마음껏 즐겨라."

젊었건 늙었건 간에 살아 있는 것 그 자체가 신이 내린 축복인데 누구나 늙어 가는 것을 가지고 마음부터 늙어져서는 안 되겠다. 내가 늙어 간다손 치더라도 봄에 피어나는 갖가지 꽃은 해마다 아름다우며 가을 하늘 빛은 언제나 맑고 푸르다. 늙은이에게도 여름 산골짜기에 흐르는 물은 여전히 깨끗하고 시원하며 푸근히 내리는 겨울 함박눈에 강아지처럼 꼬리를 흔들고 뛰고 싶은 즐거움은 느낄 수 있다. 늙는 것을 어찌 피해 갈 수야 있으랴만 늙더라도 이왕이면 정2품 송처럼 기품 있게 늙어가자. 기품 있게 늙어가자면 우선 '몸도 튼튼, 마음도 튼튼'이다.

날씨도 을씨년스러운 오늘도 여러 가지 핑계를 속으로 꾸미다가 기어이 수영장 물속으로 뛰어 들어가 2,500m를 끝까지 헤엄치고 나왔다. 탈의실 전신 거울에 내 모습을 비춰 본다. 타잔은 아닌데 타잔 애비쯤 되어 보이는 노인네 하나가 거기 서있다.

"타잔이 뭐 별 놈이냐? 그 녀석도 환갑 넘겨서 이만한 몸매 유지할 성 싶으냐? 하하하!"

대추나무의 고집과 고독

내가 늘 다니는 길모퉁이 이층집의 제법 너른 마당에는 감나무, 은행나무, 사철나무 목련 등이 한창 어우러져 신록의 계절답게 연초록 잎사귀의 아름다움을 저마다 뽐내고 있어 보는 이의 눈을 즐겁게 하고 있다.

그러나 그 한 귀퉁이에 움쩍도 않고 죽은 듯이 거무스레한 잔 나무 가지를 늘어뜨리고 있는 나무 한그루가 있으니 바로 대추나무이다.

온갖 나무들이 봄을 맞아 따뜻한 햇볕을 반기고 생명의 환희를 노래하며 꽃과 잎사귀를 움터 내는 시절, 사철나무마저 묵은 잎사귀를 떨쳐 버리고 산뜻한 연초록의 옷으로 갈아입고, 일찍 피어나는 목련 벚꽃 등은 낙화 진지 이미 오래고 새

잎사귀가 푸르러진지 한참이며 바로 옆의 라일락은 연보라 꽃을 피어내서 향기가 드높건만 유독 대추나무 이 녀석만 봄이 온 걸 아는지 모르는지 깊은 잠에서 깨어 날 기미를 보이지 않는다.

생김새라도 낙락장송을 닮아 자세가 늠름하든가 은행나무처럼 의젓하게 곧고 크든가 한 놈이 저렇게 고집스레 잠을 자고 있다면 "허, 그놈 참 기개 한번 장하다"라는 감탄이라도 들음직도 하지만 이 녀석 생김이란 것이 별로 곧지도 못한 나무 밑기둥서부터 거무튀튀한 껍질, 게다가 잔가지만 복잡하게 얽히고설키어 늘어뜨리고 있으니 개구쟁이 아이들 연줄이나 끊어 먹기 십상으로 생겼다.

그러니 모르는 사람이 지나가다가 이 좋은 봄날에 혼자서 죽은 듯이 가지만 앙상하게 늘어뜨리고 있는 이놈을 보고는 "어, 이 나무 죽었나?" 하며 가지를 꺾어 보지나 않으면 다행이다.

내 비록 생김새야 요 모양일망정 조율시이棗栗柹梨 – 제사상에 오르는 양반 과일 중에서도 으뜸으로 치는 열매를 맺는다는 오만함일까, 아니면 못생긴 대로 섣불리 봄이 왔다고 깝죽대고 먼저 잎을 피워냈다가 변덕스런 봄 날씨에 꽃샘추위라도 모질

게 들이닥치면 그나마 여린 어린 잎사귀가 다칠까 저어함인가 하여간 이 녀석의 계절 감각은 이다지 무디고 늦다.

오죽하면 "대추나무 잎이 나오면 여름이고 능수버들 단풍이 들면 겨울이다"라는 말이 생겨났을까?

작년 외손자 놈 돌 무렵의 일이다. 느닷없이 마누라가 요란하게 용龍 무늬를 장식한 도장 하나를 내밀며 "이거 벼락 맞은 대추나무에 판 도장이라서 재수가 붙는대요. 손자아이 도장 새겨주는데 당신 것까지 하나 만들었지"하면서 생색이 아주 대단하다.

어디서 연유한 새 풍습인지는 몰라도 아이 돌때 도장을 새겨 선물하는 것이 요즈음 유행이고 거기에 할아비 것까지 덤으로 하나 더 만들었다는 건데 이 도장을 어디 쓸 용도가 있나 – 기왕에 있던 인감이나 통장에 쓰는 도장을 바꾸자니 번거롭고 – 한번은 마침 주민등록등본이 필요하기에 발급 신청서에 사인만 해도 된다는 것을 굳이 우겨서 이 도장을 찍었었는데 그 주민등본에 무슨 재수가 붙었었는지는 기억에 없다.

대추나무란 것이 이렇다. 봄이 오면 싱싱하게 꽃과 잎을 피워내는 다른 나무들을 보고 어찌 물기 없이 단단하고 속이 굳은 도장감印材을 연상할 수 있을까만 저렇게 찬란한 봄볕을 받으면서도 죽은 듯이 앙상한 마른 가지를 보면 그저 도장 파기에나 알맞은 재료라고나 생각할 수밖에 없겠다. 더구나 펵이나 드문 일로 벼락까지 맞아서 거무스레 탄 자국이 있다면 도장 감으론 가히 안성맞춤이 아니겠는가?

아무래도 도장은 젊은 세대와는 어울릴 것 같지 않은 물건이다. 이미 많은 문서나 확인을 필요로 할 때 친필 사인 만으로 해결이 되며 경우에 따라서는 도장보다는 사인을 요구할 때도 많이 생겼다. 이제 도장이란 노인네들 허리춤에나 고이 매달려 있다가 그들 삶에서 아주 중요하지만 이제는 누렇게 색깔이 바래 버린 낡은 문서에나 어울리는 물건으로 변질되어 가는 과정에 있는 것이다.

대추 열매만 해도 그렇다. 대추라고 하면 푸른빛에 약간의 붉은 색이 얼룩진 햇대추보다는 붉은 색으로 변하여 껍질이 쪼글쪼글하게 마른 저장 대추를 먼저 떠올리게 되는 것이 보통이다. 쪼글쪼글 마른 대추는 또 쪼글쪼글 주름진 노인네를 연상케 하는 것은 나만의 고약한 생각일까?

제사 끝에 조상님들 음덕을 내려 주시는 것이니 제사상에서 먹고 싶은 것을 골라잡으라고 하면 기다렸던 아이들은 밤이며 약과 또는 부침개 따위를 먼저 집어 들지 대추를 먼저 집어 드는 아이는 좀처럼 찾기 어렵다. 결국 한 입에 넣기 좋은 대추는 노인네들 차지가 되고 만다. 이렇듯 아무래도 대추는 늙음과 연관 지어지는 이미지가 크다.

늙으면 느느니 고집이라더니 대추나무의 고집도 또한 그러한가 보다. 남들은 다 잠에서 깨어 봄의 환희를 노래하고 반기는 데 저 혼자서 고집스레 깊은 잠에서 깨어날 줄 모른다. 날마다 짙푸름을 더해가는 나무들 틈에서 저리 홀로 잠을 자고 있으니 그 잠 또한 고독한 꿈일 수밖에 없겠다.

올해는 더위가 일찍 온 탓인지 며칠 전까지만 해도 깨어날 기미를 보이지 않던 녀석이 오늘 유심히 살피니 가지 마디마다 보일 듯 말 듯 파릇파릇하게 잎을 움틔워 내고 있다. 늙은이 회춘을 보는 것 같아 사뭇 반가움에 겨워진다.

어서 깊은 잠에서 깨어나 이 찬란한 새봄을 노래하려무나.

네 고집스러운 고독은 추위에 움츠린 겨울에나 어울리는 것, 새봄에는 만물과 더불어 살아가는 기쁨을 함께 즐기자꾸나.

한 해 한 해 늙어 가는 이 내 몸도 너와 더불어 새봄을 기꺼이 즐기련다.

겨울 갈대

뉘라서
여자의 마음 쉬이 변함을
바람에 날리는
갈대와 같다고 했더냐?

삭풍 몰아치는
겨울 들판에
머리 곧추 세우고
푸른 하늘을 바라보노라.

한 여름
무성했던 푸르름이야 남았겠냐만
가을 한철
소슬 바람에 물결치던
풍성한 보람의 꿈도
땅에서 끌어 올린 힘찬 생명력으로
영글게 한 씨앗
바람에 멀리 날려 보내고
이 겨울 한 복판에
처연한 기개로만 남아 있다.

억세었던 잎줄기 푸르름은
세월의 바람 따라
누렇게 바래고 찢겨졌어도

모진 바람에
이 몸뚱이 땅에 뉘었을망정
한 번도 꺾여 본 적이 없었노라.

내 살점 내 씨앗 날려 보내고
숙였던 머리 한결 가벼이
오히려 곧추 세움은
날아간 나의 꿈들을
더 멀리 배웅코자 함이니

누렇게 말라버린 그루터기에서
연초록 잎사귀를
다시 돋아냄은
제 자리 잡은 터전이
귀함을 일깨우려 함이로다.

이 터에서
아득히 돌아올
봄날을 꿈꾸며
햇빛 찬란한 겨울 들녘에
머리 곧추 세우고
하늘을 우러르고 있노라.

희망 사항 - 여든에 내가 살아가는 모습

인명人命이 재천在天이라고 내일 일을 모르는 것이 사람인데 10년도 넘게 남은 80까지 산다는 것을 어찌 장담할 수 있으랴만 근래에 나오는 통계를 보면 우리나라 남자의 평균수명이 70세가 넘었으며 해가 갈수록 길어진다고 하니 남들 사는 대로 산다면 아무래도 80까지는 살아남을 수 있을 것 같다.

세월이란 것이 돌이킬 수 없고 오는 것을 막을 수도 없지만 오는 세월을 어떻게 맞을 것인가 한번쯤 생각하지 않고 지내는 사람은 없을 것이다.

우선 그 나이 내 얼굴부터 떠올려보면 이미 반백이 된 머리는 아주 흰 백발이 되어 남아 있는 몇 올이 옆머리에 붙어 있을 터이고 피부는 아주 탄력을 잃어버린 채 벌써부터 나타나기 시작한 저승꽃, 검버섯이 많이 퍼져있을 것이다.

대개의 노인들이 그렇듯이 마른 얼굴에 광대뼈가 더 튀어 나왔을 테고 아무리 운동을 열심 히 한다 해도 허리는 구부정 한데 지팡이라도 짚고 마음대로 다닐 수 있는 기력이라도 유지하고 있으면 다행이겠다….

어이구, 이런 겉모습을 그려보다가는 지레 늙어 쉬어 꼬부라질 것 같으니 이쯤에서 그만두자.

꿈은 꾸는 자에게 이루어진다고 했으니 여든에 이 앓을 소리일망정 여든이라고 다 험한 꼴 만 보이며 살아가라는 법도 없지 않겠는가?

우선 험한 꼴 보이지 않고 살려면 어느 정도의 경제가 뒷받침해 주어야겠다.

그 나이까지 일을 해서 돈을 번다는 건 지나친 욕심일 테고 그래도 살아있는 생활인인데 이자건 임대수입이건 또는 염치없는 말로 자식들이 보태 주건 간에 얼마간의 수입은 있어야 그 무렵 대학생이 되어 있을 손자 녀석들이 모처럼 찾아오면 용돈 얼마라도 쥐어줄 수 있겠다.

살아가기야 아파트가 편리하고 경제적이겠으나 그래도 조그만 마당이라도 있어서 흙을 밟으며 사는 생활을 바란다.

그 마당 한 귀퉁이에 다만 한두 평짜리라도 텃밭이 있으면 더욱 좋겠다.

거기에 백일홍, 채송화라도 심어 놓고 꽃피는 날 허리 쪼그리고 앉아서 들여다보아도 좋고 상추라도 몇 포기 심어서 자식들 내외가 다니러 올 때 몇 닢 싸서 줄 수 있으면 얼마나 대견스러우랴.

기왕 바라는 김에 지붕에는 유리로 사방과 천장을 가린 조그만 옥상이라도 있으면 좋겠다.

그래서 잠 안 오는 겨울밤에는 찬바람 쏘이지 않고도 옥상에 올라가 밤하늘에 빛나는 별을 바라보면 가슴이 시원해질 것이다.

사는 곳은 아주 도회지도 아니고 그렇다고 아주 시골도 아닌 도시 변두리쯤이 좋을 것이다.

늙어서 한적한 전원생활을 바라는 사람도 많을 것이나 그게 아무나 하는 것도 아닌 것이 아무리 늙어도 사람은 어울려 살아가는 것이지 하루 종일 사람 얼굴 한번 보기 힘든 시골생활은 그야말로 창살 없는 감옥살이가 될 것 같다.

사는 날까지 움직일 수 있고 사람들과 어울릴 수 있어야 한다.

지금서부터 공들여 무얼 해서 어떤 것을 이루려 한다면 그

건 너무 턱없는 욕심일 게다.

또 제가 지나온 일을 거울삼아 젊은 사람들에게 이래라 저래라 훈수를 두는 것은 요즘 세상에 그야말로 스스로 따돌림 당하려고 하는 푼수 짓일 터이고 손아래 사람이 가끔씩이라도 찾아 줄 수 있는 늙은이가 되어 있었으면 한다.

그 나이에 내가 무엇을 이루어 존경 받는 사람이 된다거나 또는 부자가 되어 남겨 줄 재산이 많다거나 하는 것은 감히 꿈도 꿀 수 없는 일이겠지만 꼬장꼬장하고 사리 밝은 노인보다는 그저 사람 좋은 호호야好好爺가 되어 있고 싶다.

지금처럼 거의 매주 배낭 메고 산엘 오른다든가 가끔씩은 훌쩍 여행도 떠나 본다든가 하는 것은 체력이 못 받혀주겠지만 그래도 동네 공원 정도는 매일 산보하면서 계절의 변화를 느끼면서 살아가야 하겠다.

새봄에 도드라지는 꽃봉오리를 유심히 살펴본다거나 새싹이 파릇파릇 올라오는 모습을 들여다보는 기쁨은 아마 지금보다도 더 클 것이다.

햇볕 바른 날에는 매일 다니는 길이라도 다시 나서서 멀리 보이는 산봉우리를 손 가리개를 하며 바라보리라.

비오는 날이면 마루에 걸터앉아 빗소리를 들으며 떨어지는 빗방울을 바라보고 있을 때 초인종을 울리며 아들 며느리라도 찾아오면 얼마나 반가울꼬?

늙더라도 옷은 항상 깨끗이 입어야겠다.

늙을수록 화려하지는 못할망정, 정갈한 기품은 있어야지 그렇지 못하면 더 누추해지게 마련이다.

여자 수명이 남자보다 기니 마누라가 지금처럼 옷매무새는 잘 갖추어 주겠지.

아니, 설사 마누라가 그럴만한 기력이 없더라도 세탁기 정도야 낸들 돌리지 못할라구.

매일은 아니더라도 가끔씩 저녁때 반주로 소주 두어 잔은 마시고 싶다.

평생을 술과 더불어 살아왔거늘 늙었다고 그 즐거움을 버린다면 늙는 것이 더욱 서러울 테니 말이다.

평생 잔소리꾼인 마누라도 그때까지 건강하게 같이 해로해 주어야겠다.

설마 그 나이까지 술 마신다 뭐라 잔소리할까?

그러자면 무엇보다 건강하게 살아야겠다.

벌써부터 풍이 왔다거나 몸이 불편하여 나들이를 못한다는 친구들의 소식을 들으면 참으로 마음이 언짢다.

그 나이까지는 지금 어울려 같이 노는 친구들도 아마 이미 이 세상에 없는 이도 꽤 여럿이 될 것인즉, 남아 있는 친구들이 서로 왕래가 잦을 수야 없겠으나 이따금씩이라도 만나서 서로의 얼굴을 마주한다면 참으로 반가운 모임이 될 것 같다.

두꺼운 돋보기를 쓰고서라도 책을 읽을 수 있는 시력을 유지하였으면 좋겠다.

그러면 나는 박경리 씨의 「토지」를 1권부터 20권까지 아주 천천히 음미하며 읽을 것이다.

그래서 거기 등장하는 수많은 인간상들과 내가 지나온 삶을 비교하면서 돌이켜 볼 것이다.

그 책에 나오는 어떤 인물과도 내 생애가 같을 수는 없겠지만 어느 한 시기만을 따로 떼어서 생각하면 나는 때로 길상이도 되었다가 용이도 되었다가 이팽이도 될 것이다.

그 책을 읽고 있었을 때, 나는 내 성격이 이팽이와 가장 닮지 않았을까 하는 생각을 떠올린 적이 있다.

최참판 댁 씨종으로 있다가 면천免賤 된 신분으로 제 털 뽑아 제 구멍에 박듯 고지식한 성격으로 – 뜻은 최서희를 따르고 있으나 실천은 하지 못하고 가족들 단속에만 매달리는 – 지금으로 치면 영락없는 소시민의 전형이다.

그런 생애를 살아 온 일생이나마 후회 없이 살아 왔다고 회상하고 싶다.

그리고 죽는 날까지 아프지 말고 살다가 죽기 전, 딱 3일만 앓다가 죽었으면 좋겠다.

3일 정도는 죽음을 예고해 주어야 남아 있는 가족들과도 이별의 의식을 치를 수 있을 것 아닌가?

이승의 삶이 고달프고 산이 높아 영계靈界에 더 가까이 사는 티베트인들은 죽음을 몇 단계로 나누어 단계마다 높은 덕을 쌓은 고승이 더 높은 단계로 인도하는 의식을 치른다는 기사도 읽은 적이 있지만 한번 길게 숨을 내 쉬고 다시 들이킬 수 없다면 그게 죽음이지, 그것을 단계별로 인지하면서 이승을 하직하기는 나 같은 범인으로서야 더욱 큰 고통일 것이다.

일입청산一入靑山이면 만사휴의萬事休矣라는 말이 있다.

그러나 80이 넘도록 이승에서 발 딛고 살았으면 됐지, 저승에 가서도 어찌 감히 일점토一點土나마 이승의 청산을 탐하여 차지하랴?

그냥 홍로점설紅爐點雪로 사라짐이 이승에 남아 있는 사람들에게 도리일 것이다.

사람 살아가는 분위기

사람은 다 제각기 저 살아가는 분위기를 만들면서 살아가는 것 같다.

며칠 전 뉴스에서 들으니 세계의 높고 험한 산 5대봉인지 10대봉을 다 누비고 남북극을 걸어서 종단하였으며 또 무슨 사막이나 밀림 같은, 하여튼 사람이 인내하기 힘든 극지를 모조리 찾아 발로 밟아 본 사람이 땅 위에서의 모험은 성에 차지 않았던지 이번에는 하늘로 올라가서 초경량 비행기를 타고 제주도를 왕복하여 그 분야에서 최장 비행기록을 수립하였다고 한다.

참으로 치열한 모험적 생애를 살아가는 분으로 머리 숙여

존경하지 않을 수 없다.

체력이 있으니까 가능한 일이거니 할 수도 있겠으나 강인한 체력을 가졌다고 아무나 할 수 있는 일이 아니다.

어떤 산악인은 등산하다가 조난을 당하여 동상으로 손가락을 거의 다 잃고서도 나이 60을 넘어 에베레스트 정상을 정복하는 모험을 감행하는 일도 있었다.

보통 사람들로서는 상상하기조차 어려운 모험을 하는 이런 분들은 고난을 극복하여 얻은 성취감을 몸으로 누리면서 삶의 분위기를 맹렬하게 만들어 가는 것이리라.

이렇게 남다른 생애를 살아가는 사람들은 그렇다 치더라도 아무리 평범하게 살아가는 사람들일지라도 나름대로 그 사람만의 독특한 분위기는, 비록 그것이 남의 눈에 띄게 특별한 것이 아닐망정 반드시 있게 마련이다.

야쿠르트를 판매하는 일이 여러 중년 아줌마들과 같이 부딪히고 어우러져가며 생활을 하는데 나이 들어 갈수록 사람 살아가는 분위기가 이렇게 다르구나하는 것을 느끼는 때가 많다.

같은 제복을 입고 똑같이 주어진 여건 아래 같은 제품을 취급하며 생활해 가는 데 있어서도 그 생활의 형태나 분위기는 그야말로 각인각색各人各色으로 저마다 틀리다.

그것은 생활의 능력이나 일의 효율성과는 또 다른 그야말로 그 사람의 성격이나 인격이 밖으로 배어 나오는 현상이 아닌가 하는 생각이 든다.

가령 생활수준이나 수입이 비슷한 사람들이라도 어떤 이는 겉으로 나타나는 생활이 궁핍하고 각박하게 보이는가하면 어떤 이는 별달리 다른 사람들에게 베푸는 것 같지 않은 데도 푸근하고 넉넉한 느낌을 주는 분위기를 느끼게 한다.

이런 것은 사람들이 제각기 타고난 성품도 있겠지만 이제까지 살아오는 과정에서 생활에 대처해 온 마음가짐의 차이가 아닐까 한다.

가난한 가정에 태어나서 어렵사리 가정을 이루어 이제 겨우 먹고 살만한 안정된 수입을 얻는 사람이라면 아무리 생활이 윤택해졌더라도 늘 검약 절제하는 태도가 몸에 배어 있을 것이요, 넉넉한 집에 태어나 어려움 모르고 생활해 왔던 사람이라면 형편이 좀 기울었다고 해도 당장에 생활하는 방식을 구차스럽게 바꾸어 갈 수는 없을 것이다.

그래서 몇 대째를 만석꾼으로 이어 온 어느 가문에서는 며느리는 아주 부자는 아니더라도 가난하다는 소리 안 듣는 집안에서 구하고 사위는 빈부를 가리지 않고 인물만 보고 골라

혼인했다는 얘기가 있다.

내 집 식구가 될 며느리가 가난이 몸에 밴 나머지, 넉넉히 남에게 베풀 줄을 모르고 절약하기만 한다면 집안의 분위기가 각박하게 변할 것이요, 그러다 보면 큰 집안 살림의 화합에 금이 갈까 염려함이며 남의 식구가 될 딸을 시집보낼 때에는 사위될 사람의 됨됨이만 잘 고르면 설사 처음에는 좀 도와주더라도 집안을 잘 일으켜 세워서 딸이 고생을 안 한다는 이유에서였단다.

겉으로 풍기는 분위기가 너그럽고 빡빡함의 차이도 있지만 따뜻함과 차가움의 차이도 매우 각별하다.

장사하는 가게나 식당을 들렀을 때에도 어딘지 모르게 친밀한 느낌이 드는 곳이 있는가 하면 달리 흠 잡힐 만한 점이 없는데도 되돌아 나오고 싶은 곳이 있다.

아마도 응대하는 사람의 태도나 음성 또는 표정 따위의 겉으로 풍기는 분위기의 차이가 아닐까 한다.

그래서 나는 아줌마들에게 장사를 잘 하려면 비록 창자가 썩더라도 얼굴은 항상 웃고 있어야 한다고, 고객들을 대할 때에는 조금쯤 손해 보는 듯이 해도 길게 보면 그게 이익이 된다고 늘 뇌고 있다.

고객들 중에는 그야말로 별의 별난 사람들이 다 있다.

자그마한 일에도 트집을 잡고 생떼를 쓰는 사람, 셈이 흐려서 알량한 야쿠르트 대금을 몇 달씩 미루는 사람, 정찰 가격을 깎아 달라고 조르는 사람, 별로 잘나 보이지도 않건만 아예 아줌마 따위는 아주 얕잡아보고 막 대하는 사람… 모두 이제까지 저 살아온 분위기가 밖으로 우러나온 행동이다.

그렇지만 그런 사람보다는 아줌마를 볼 때마다 수고한다며 커피라도 한 잔 먹고 가라고 붙드는 할머니, 대금을 봉투에 넣어서 건네주며 한 달간 수고했다는 메모로 격려해주는 아기엄마, 수금이 하루만 늦어도 전화를 해서 경비실에 맡겨 놓았으니 찾아가라는 아저씨 등, 우리 주위에는 따뜻하고, 너그럽고, 경우 밝으며 반듯한 분위기의 사람들이 훨씬 더 많다.

그래서 살아갈 만한 사회의 분위기가 만들어지는 것이리라.

오래 전 있었던 일로, 도시 변두리 주거용 비닐하우스에 80이 넘은 노부부가 살고 있었는데, 할머니가 술 취해 잠든 할아버지를 목 졸라 살해했단다.

경찰 조사 결과, 할아버지가 술만 마시면 할머니를 때리고 못살게 굴던 차, 그날따라 더 심한 주정을 참다못하여 그리 된 일이라 했다.

인생 말년을 풍찬노숙風餐露宿이나 다름없는 비닐하우스에서 사는 것도 을씨년스럽거늘 그들이 살아왔던 분위기는 얼마나 스산하고 메마른 분위기였을까 생각하니 끔찍하다는 생각이 오랫동안 지워지지 아니한다.

사람 살아가는 분위기란 스스로 노력하여 가꾸어야 할 것이다.

이순耳順에 이르렀다 해서 하는 일마다 모두 순리에 맞게 되는 것이 아니다.

비닐하우스에 살던 노부부는 80에 이르러서도 가꾸지 않은 생각과 행동이 저렇게 끔찍한 결과로 마무리 된 것이니 60에 이순耳順 한다 함도 공자님처럼 특별한 수양이 있는 분에게나 가능한 일이겠다.

이제까지 살아온 과정이 평범함을 벗어나지 못한 내가 이 나이에 이르러 새로운 일에 도전한다거나 극지를 탐험하는 것 같이 맹렬한 분위기를 만들어 갈 뜻은 없으나 생각을 다스리고 생활을 조신하게 하여 그저 나잇값 하는 분위기나 망치지 말아야 하겠다.

몇 년 전에 사위 얻고 며칠 전에 며느리 얻었으니 내 생전에 새 식구를 밖에서 얻을 일은 다 끝냈다.

같이 살아보지는 않았으되 새 며느리가 풍기는 인상은 따뜻하고 상냥하며 명랑한 것이 퍽 마음에 흡족하다.

사위는 몇 년을 지켜보아도 든든하고 너그러우며 제 식구 감싸는 일이 매우 믿음직스럽다.

이만한 아이들을 새 식구로 얻은 것이 참으로 큰 복으로 생각하고 있다.

이 아이들과 어울려 복된 노년을 누려가기 위하여서라도 나 자신 나의 살아가는 분위기를 따뜻하고 너그러우며 넉넉하게 가꾸어가야겠다.

내가 졸업한 고등학교 교훈에도 있다.

“따뜻한 사람이 되자.”

“끝을 맺는 사람이 되자.”

5가지가 있었는데 2개만 기억이 난다.

아무리 족집게 도사가 용하다한들

세상 물정 몰랐던 소싯적에
세상살이 무척이나 팍팍하다 여겨져
소문난 족집게 도사를 찾아 갔었지.
"마흔이나 넘겨 봐! 지금은 안 돼.
사주四柱 네 기둥이 모두 불이야.
될 듯 될 듯하다가도 홀랑 타 버리고 말지."

마흔을 넘겨서도 나아지는 게 없어
용심을 돋우어 또 찾아 갔지.
"오십은 넘겨야지, 아직은 힘들어.

잔불이 여태 너무 사나운 걸.
그 불 다 끄려면 헛심만 켜지."

오십을 넘겨서도 안 풀리길래
풀 죽은 심정으로 다시 찾았지.
"이제 다 꺼져가네. 조금만 기다려.
그 불 빨리 끄려면 물장사를 해 봐!"

육십이 넘어서 물장사를 하고 있는 지금,
이제야 조금 깨달아지네.
평생을 두고 끄려 애쓰던 그 불이
내 마음에 붙어 있는 심화心火인 것을.

아무리 족집게 도사가 용하다 한들
어찌 할 것인고?
세월이 흘러서 재가 되어야
사그라지는 그 불의 이치를!

제 2 장

손자의 장난감을 고르며

손자의 장난감을 고르며

수족구염手足口炎

요렇지 않은 놈은 내 손자가 아니지

행복

이런 며느리이면 좋겠다

이 나이에 아직도 가슴 설레며 기다리는 것이 있다

꿈같이 보낸 일주일

혼자 마시는 술

손자의 장난감을 고르며

거리를 지나다 보니 울긋불긋 잡동사니 물건을 늘어놓고 파는데 고만고만하게 생긴 싸구려 장난감도 꽤 여럿을 늘어놓았다.

그 중에서 얼른 눈에 띄는 것이 손잡이 막대에 바퀴를 달고 그 위에 헬리콥터 날개를 붙여 놓아 밀고 다닐 때마다 팔랑개비가 돌아가도록 만든 놈이 있다.

"음, 요것이라면 어미도 귀찮게 굴지 않고 저 혼자서도 재미있게 놀 수 있겠구먼!"

전번에 이 녀석을 보러 갈 때에는 천 원짜리 팽이 한 세트로는 좀 약소하다 싶어 이 만 원짜리 배터리 불자동차를 하나 더 사서 주었더니 불자동차는 몇 번 굴려 본 다음엔 거들떠보지도 않고 팽이만 하루 종일 돌려 달라던 녀석이다.

팽이를 돌림 틀에 붙이고 톱니 줄을 홈에 끼웠다가 홱 잡아 당기면 팽이가 톡 떨어지면서 돌게 되어 있는 놈인데 홱 잡아 당겨 돌릴 줄은 알아도 톱니를 홈에 맞추어서 꿸 줄은 모르니 돌릴 때마다 꿰어 달라는 것이다.

나야 내려갈 때부터 요 녀석과 놀 요량으로 간 것이니까 하루 종일 같이 놀아도 성가신 줄을 모르고 놀다 왔지만 제 어미는 집안 살림하랴, 이제 막 백일 잡이인 녀석의 누이동생 돌보랴 하다 보니 이 녀석이 하자는 대로는 도저히 따라 할 수 없다며 "아빠는 이상한 장난감을 사다 줘서 나를 힘들게 해!" 하며 전화로 애비에게 투정했던 터이다.

이런 저런 생각을 하며 장난감들을 이리 저리 들었다 놓았다 하다가 문득 "내가 나 아닌 다른 사람이 좋아하는 걸 이렇게 골똘히 생각해 본 것이 언제였던가?"하는 생각이 들면서 피식 혼자 웃는다.

이 녀석이 갓 백일이 될 무렵 외갓집이라고 처음 어미 품에 안겨 집에 왔을 때, 포대기에 싸여 하루 종일 어미젖을 빨다가 자고 깨어나서 웃는 듯 마는 듯 배냇짓을 하며 조금 바동대다가 또 빨고 자고 하는 것이 하도 신기하고 또 기특해서 이 놈 얼굴을 들여다보며 중얼거리던 말이 떠오른다.

"얘, 너 어디서 살다가 우리 집에 태어났니? 너 살던 데가 도대체 어디였길래 요렇게 예쁜 놈이 나왔니?"

말도 안 되는 소리지만 처음으로 내 피붙이 손자가 태어났다는 것이 그런 말로라도 이놈에게 하고 싶을 정도로 기쁜 일이었다.

꼬옥 쥐고 있는 고사리 손이 예뻐서 내 손가락을 그 조그만 손 속으로 넣어 쥐게 하고 있으면 손바닥에서 전해 오는 그 촉촉한 감촉이 얼마나 살가웠던지 나는 아직 생생하게 떠올릴 수 있다.

그런 녀석이 이제 세 살 – 만으로 30개월 – 이 되어 간다.

지난 달에 근 10년 만에 차를 새로 뽑았으니 고속도로에 길을 들일 겸 마누라를 옆에 태우고 순천의 이 녀석 집엘 찾아갔을 때 일이다.

몇 주일 전에 서울에서 할미, 할아비를 보고 또 저희 집에서 보게 되니 그것이 그다지도 좋았던 모양이다.

"할찌(할아버지)!" 하면서 한번 풀쩍 안기더니 갑자기 뚝 떨어져서 "야아~!" 하는 함성과 함께 마치 단거리 선수가 뛰듯이 팔을 휘저으며 제자리 뛰기를 하는데 서양영화에 나오는

탭댄스가 무색하리만치 빠르게 동동이를 치며 굴러댄다.

그러다가 또 다시 "할찌" 품에 안겼다가 또 떨어져서 구르기를 세 번씩이나… 내 생전 군대 나갔다가 돌아왔을 때 어머니로부터 받은 환영 이래, 이렇게 열렬히 받은 환대는 아무리 돌이켜 봐도 처음이다.

세상에 어떤 훌륭한 무용수라도 제 기쁜 마음을 이렇게 진솔한 몸짓으로 표현해 낼 수가 없을 것이다.

이런 놈에게 어찌 내 마음을 빼앗기지 않을 수 있나?

꼬박 사흘 동안을 이놈과 더불어 알콩달콩 지내다가 서울로 올라 올 때, 가방을 들고 문을 나서려니까 이놈은 잔뜩 얼굴이 굳어지면서 양팔을 한껏 벌려 앞을 가로 막으며 "안 돼!" 하는 소리만 연신 질러대던 녀석이다.

그래도 막상 한니(할머니), 할찌 차가 떠날 때에는 베란다에 나와서 손을 흔들더니 순천을 떠나 대전을 지날 때까지도 베란다에서 들어가지를 않고 놀다가 밖을 내다보다가 하면서 할찌를 기다린다는 전화를 받고 얼마나 마음이 찡했는지 모른다.

어미가 바꿔준 전화에 대고설랑 무턱대고 "할찌, 빨리 와! 빠방 타고 빨리 와!"라는 소리뿐이다.

세상에 모든 할미 할아비가 손자를 사랑스럽다 해도 그저 그런 내리 사랑이겠거니 했지만 내가 이놈과 이렇게 깊은 사랑에 빠질 줄은 참으로 "예전엔 미처 몰랐어요"이다.

깊디깊은 우물물이 귀하니까 아껴서 긷지를 않는다고 물이 넘쳐흐르지는 않는다. 깊고 귀한 물일수록 자주 길어내어 마셔야 우물에도 새 물이 고인다. 새벽에 길어낸 우물물은 정화수이지만 저녁에 고인 우물물은 묵은 물일뿐이다. 이놈과의 사랑이 깊고 귀할수록 자주 길어 내어 흠뻑 마셔야겠다. 다음 달이면 나와 마누라의 생일이 겹쳐 있는 달이니 이 녀석의 애비 어미가 어련히 알아서 올라오련만 이 할찌는 이놈과의 사랑에 겨워서 그때까지도 기다리지를 못하겠다. 이 녀석도 좋지만 이 녀석의 새로 태어난 누이동생이 더 좋다는 할미도 이번 주말에 같이 가자는 말을 먼저 꺼낸다.

초등학교 때 소풍날을 기다린 이래 날짜 가는 걸 요만큼 기다린 적이 언제였던가 싶다. 아무래도 남자 녀석이라 그런지 말이 늦되는 녀석이 정확히 발음하는 몇 가지 말 중에서 한 가지가 "안 자!"이다.

"민준아, 이제 졸리니까 엄마랑 '코오' 자야지?"

"안 자!"

금방 꾸벅거리며 졸다가도 이런 식으로 버틴다.

"세상이 즐거움으로 가득 차 있는데 그 즐거움을 끝까지 누리지 않고 왜 잠으로 시간을 헛되이 보내나?"

녀석이 말은 못해도 머릿속에 들어 있는 철학은 이런 것이 틀림없다. 녀석을 잘 아는 할아비의 짐작이 아마 틀림없을 것이다. 그래, 이번에 내려가면 할아비도 잠자지 않고 끝까지 너와 즐겁게 사랑하마.

수족구염手足口炎

순천에서 딸아이와 손자 둘을 태우고 서울에 올라 온 것이 지난 목요일이니 꼭 일주일 전이다. 아이들이 어려서 늘 집에 올 때는 비행기만 타고 다니다가 이번에는 할미까지 동행을 하니까 마음이 놓였던지 내 승용차 편으로 올라온 것이다.

아이들 아비는 승진에 필요한 무슨 자격시험을 보아야 하는데 아이들에게 부대끼느라 공부할 시간이 없다기에 오히려 잘됐다 생각하고 일주일 이상 이놈들과 즐겁게 지낼 상상을 하며 올라오는 길에 고속도로 휴게소도 몇 군데 들려가며 '쉬~'도 시키고 먹을 것도 사주면서 즐겁게 올라 왔던 것이다.

그렇게 데리고 온 후 첫날 둘째 날을 퇴근도 일찌감치 하여 가며 이놈들과 노는 재미에 빠져 있다가 일요일에는 매주하는 도봉산 등산을 친구들과 갔다가 오니 집안 분위기가 이상하다.

손자 녀석이 아파서 병원엘 갔는데 일요일이라 소아과 여는 데가 근처에 없어서 시내의 종합병원 응급실까지 갔다는 것이다.

병원에서 온 녀석은 열이 38도 이상 올라 있는데도 워낙 성격이 좋은 놈이니 별 투정 없이 놀았고 나도 그저 감기겠거니 하고 푹 재우자고 하며 잠자리에 들었는데 이놈이 밤새 깨서 보채는 소리가 예사롭지가 않다.

이튿날(월요일), 나는 늘 하던 대로 새벽에 출근하느라 이놈 깬 것을 못보고 일을 나갔다가 집에 돌아오니 그 명랑 쾌활하던 녀석이 엄마 옆에 붙어 앉아서 힘없이 할아비를 보고 더듬거리며 하는 말이 "할찌, 나 발 아파. 손 아파" 하며 고사리 손을 입으로 가져가며 입을 가린다.

자세히 보니 손, 발바닥에 볼록 볼록한 발진이 돋아있다.

무엇보다 입술이 새빨갛게 부었는데 얼핏 보아도 여간 아파 보이지 않는다.

병원에 데리고 갔다가 온 어미의 말로, 병명이 수족구염인데 감염돼서 잠복기가 2~3일이고 약 일주일은 앓아야 하며 현재로서는 예방 백신도 없고 치료약도 없으므로 앓을 만큼 앓다가 낫는 도리 밖에 없다는 것이다.

저 어린것이 일주일 동안이나 저 상태로 버텨내야 할 것을 생각하니 아찔한 생각마저 든다.

내가 알기에 바이러스가 원인인 이 병은 원래 사람에게는 옮지 않는 병이었다.

젖소에게는 구제역(口蹄疫 - Foot and Mouth Disease)이라 불리는 이 병은 매우 심각한 역병인데 그 이유는 이 병에 걸려서 소가 죽는 것은 아니나 암소가 이 병에 걸리면 생식능력이 없어져 버리고 송아지를 낳지 못하는 젖소는 우유를 생산하지 못하게 되며 우유를 못 짜내는 젖소는 키울 가치가 없어지므로 농가에게는 매우 심각한 손실이 되는 것이다.

더구나 소에 있어서도 이 병은 유럽이나 남아메리카 등지에서만 발병이 되었고 우리나라에서는 발병된 적이 없으므로 축산업계에서도 이 병에 대한 대처방법을 그다지 중요하게 여기지 않았었다.

그러나 발생지역에서는 그 전염속도가 매우 빠르고 더구나 공기 전염이 되므로 이를 차단시킬 수단도 거의 없어서 감염된 소는 발견되는 대로 도살하여 땅속에 깊이 파묻는 수밖에 없다는 것이다.

그러던 것이 몇 해 전서부터는 우리나라에서도 이병이 발병되어 방역에 비상이 걸리고 막대한 손실을 입었다고 보도되더니 이제는 사람에게도 유사한 질병이 발견되는 모양이다.

그것도 바로 내 손자에게 옮아 붙은 것이다.

병원 의사의 얘기로는 사람이 많이 드나드는 곳에서 이환되는 경우가 많다고 하니 아마도 올라오는 길에 들른 고속도로 휴게실에서 옮은 것이 아닌가 생각되고 잠복기를 감안하면 처음 발병한 시기로 보아 거의 그 추정이 옳은 것으로 보인다.

다음날 화요일에는 손, 발의 발진은 조금 잦아들었으나 입술의 발진은 오히려 더 심해져서 물 한 모금 마셔 넘기는 데도 까무러치게 울어댄다.

그렇게 잘 먹어대던 녀석이 물 한 모금을 먹는데도 저렇게 아파하니 옆에서 보는 할아비의 마음이 안타깝게 저려온다.

나에게 안겨서도 입이 아프니까 자꾸 손바닥으로 입을 가리며 울어 대는데 "민준아, 입을 손으로 만지면 더 아프지" 하며 어쩔 줄을 몰라 하며 쩔쩔매는 꼴을 보며 제 동생에게 젖을 먹이던 어미는 "민준아, 이리 온! 엄마가 해줄게" 하고는 얼른 아이를 안고 뜨거운 밥을 식힐 때 밥숟가락을 불 듯 아이의 입에다 대고 “후” 하며 제 입김을 불어댄다.

그제야 아이는 울음을 잠시나마 그친다.

아하! 이래서 어린아이에게는 어미 사랑이 모든 것이로구나!

열이 올라 뜨거운 아이의 입을 식히는데 엄마가 불어주는 입김이 제일인 것을 할아비는 몰랐구나.

엄마의 사랑이 아니라면 나에게는 아직도 어려만 보이는 저 어미의 어디에서 저런 슬기가 솟아나랴.

엄마로서 제 새끼에게 하는 태도도 아주 당차고 단호하다.

가장 입에 자극이 없는 미음을 쑤어서 할아비가 옆에 있으면 더 안 먹으니 저리 비키라고 하며 하루에 몇 숟가락씩은 어떻게 으르고 얼러서라도 기어이 먹이고 만다.

사실 수요일쯤에는 입안까지 모두 헐어서 어른이라도 무엇을 먹기가 끔찍할 터인데도 자극이 가장 덜한 생리음료와 미음을 시간 맞춰 먹이고 그렇게 한 다음에는 반드시 제 손과 입을 깨끗이 씻고 젖먹이 둘째를 돌본다.

아픈 아이는 제 동생에게 근접을 못하게 함은 물론, 동생은 할미에게 맡겨서 할미는 아픈 오라비를 만지지 못하게 하고 할아비는 아픈 오라비만 만지게 하되 동생 옆에라도 가려면 반드시 손을 씻어야 허락이 된다.

그래, 이 엄마 아버지가 딸아이 하나는 훌륭한 엄마가 되도록 잘 키워 놓았구나.

이렇게 월, 화, 수요일 밤새까지 고생을 하던 녀석이 목요일 퇴근을 해서 보니 배시시 웃는 얼굴로 할아비를 맞는다.

휴우! 이제 고비를 넘긴 것이다.

말을 들으니 오전부터 상태가 좋아지더니 점심때에는 밥을 한사발이나 먹고 저녁에는 이놈이 좋아하는 돈가스를 시켜주었더니 그걸 혼자 다 먹더라는 것이었다.

이놈이 이렇게 잘 먹으니 그 고약한 수족구염 바이러스도 맥을 못 추고 일주일 예정으로 왔다가 사흘 만에 퇴각해 버린 것이다.

민준아! 남은 사나흘 동안 할아비와 신나게 놀다가 내려가렴.

할아비는 네가 할아비에게 와서 내내 앓다가만 내려가는 줄로 알고 얼마나 속을 태웠는지 모른단다.

요렇지 않은 놈은 내 손자가 아니지

요렇지 않은 놈은 내 손자가 아니지.
오랜만에 보는 할아비 반갑다고 배시시 웃는 놈.
할아비 내민 팔에 낯 안 가리고 처억 안기는 놈.
만날 때마다 한 아름씩 커가는 놈.

삼촌보다 삼촌 얼굴에 반짝거리는 안경을 더 좋아하는 놈.
잠시도 바동대지 않으면 못 견디는 놈.

넓은 방 놔두고 의자 밑으로만 기어드는 놈.
할미 치마 밑으로 숨어들며 "까꿍" 하자는 놈.
헝겊 인형 뚫린 구멍에 손가락으로 후벼서 더 크게 만드는 놈.

우유병, 약병, 휴지 말이, 라이터, 성냥까지
뭐든 신기한 건, 우선 입으로 가져가서 맛으로 확인하는 놈.
젖니 나올 잇몸이 근지러워 손가락으로 칫솔질 하는 놈.
손등이 통통하고 단단한 놈.

닦아주고 닦아줘도 턱주가리 반지르르 항상 침으로 범벅돼 있는 놈.
고런 턱 밑에 새콤하게 맛있는 냄새가 배어 있는 놈.

기는 건 바퀴벌레처럼 빠르게 도가 텄어도
엎어질 듯 넘어질 듯 어렵사리 걸음마가 더 좋은 놈.

문만 열면 밖으로 나가려는 놈.
잠투정 떼쓰다가도 밖으로 나가자면 조용해지는 놈.

오줌 싸고 사르르 진저리 치는 놈.
갑자기 조용해지고 얼굴 발갛게 힘주면 바로 냄새 풍기는 놈.

할미, 삼촌과 자지러지다가도

날 어두어지면 제 어미 품속으로만 파고드는 놈.

잠든 모습이 더 예쁜 놈.
조그만 콧구멍에 코딱지가 가득해도
쌔근쌔근 잠자는 숨소리가 고른 놈.

애비 어미 쏙 빼다 닮은 놈.
할아비 할미 삼촌도 닮은 놈, 예쁜 데만 닮은 놈.
하여튼 예쁜 놈.
요렇지 않은 놈은 내 손자가 아니지.

요놈아!
할아비가 네게 달려가고 있다.

행복

이른 아침에 열어젖힌 창문으로 흘러드는 맑은 새소리에 잠을 깨는 나는 행복하다.

아침 밥상에 오른 데친 호박잎에 밥 한 숟가락 듬뿍 얹어서 강된장 양념에 싸서 우적우적 씹을 때도 나는 행복하다.

아무렴, 행복 중에 음식 맛있게 먹는 행복만한 것이 어디 그리 흔할까?

힘겹게 산에 올라 목적지에 도착해서 준비해 온 음식을 펼쳐 놓고 바야흐로 첫 젓가락을 들었을 때, 그야말로 '고생 끝, 행복 시작!' 이다.

그리고 그 식사 장소 옆에 작은 풀꽃이라도 한들거리고 있으면 그야 말로 금상첨화錦上添花이다.

산들바람에 가볍게 흔들리는 나뭇잎, 졸졸거리는 시냇물 소리, 그러나 무엇보다 이런 아름다운 풍경을 보며 행복하다고 느끼는 우리 인류야말로 이 광대무변廣大無邊한 전 우주에서 그 어떤 별보다도 아름다운 존재가 아닐까 생각한다.

뭐라 해도 지구는 인간이 있어서 비로소 아름다운 별인 것이다.

문득 올려다 본 저녁 하늘, 점점이 흩어진 조각구름이 지는 해의 노을이 붉게 물들여져 있는 광경은 나를 행복하게 한다.

하루 일과가 끝나서 귀가 길에 유치원에 들러 어린 아들을 찾아 손을 잡고 가는 젊은 엄마의 얼굴에 피어나는 사랑스러운 미소, 한없는 충만감에 젖어 조잘거리며 엄마 손을 잡고 가는 꼬마의 조잘거림에서 행복은 넘쳐흐른다.

나른한 오후 한나절, 뭐 좀 재미있는 일 없을까 궁리하고 있을 때, 전화벨이 울리면서 "할아버지!" 하고 부르는 손자 녀석의 목소리에 나는 자지러지게 행복해진다.

그래서 이 녀석 하는 말이 "할아버지, 빨리 우리 집에 와요. 내가 그전에는 오래 오래 동안 다섯 살이었는데 지금은 여섯 살이에요. 그래서 키도 무럭무럭 자라고 밥도 많이 먹고 김치도 잘 먹고, 주사 맞을 때도 안 울었어요. 대식이랑 혜숙이랑

다 울었는데 나는 안 울었어요. 그리고 나 자전거 아주 빨리 탈 수 있어요. 나 자전거 빨리 타는 거 보러 빨리 와요."

일요일마다 시간에 맞춰 미국의 며느리로부터 걸려오는 전화, 거기서 들려오는 "아버님!" 하는 소프라노의 목소리도 나를 행복하게 한다.

그리고 이어지는 대화가 가령 건강이 어떠하시냐, 술 좀 적게 드시냐, 하는 의례적인 인사말이라도 좋지만 가끔씩은 인터넷에서 아버님 글을 보니 좋았다는 둥, 칭찬을 들으면 더욱 좋아진다.

좀 길게 얘기를 끌면 더더욱 좋으련만 "그럼, 오빠 바꿔 드릴게요" 하며 바로 제 신랑에게 수화기를 넘겨 버린다.

그래도 "아무 며느리나 이렇게 거르지 않고 안부 전화하지는 않을 걸!" 하고 속으로 으스대 보기도 한다.

아들, 딸이 하나는 미국에, 하나는 순천에 떨어져 사니 늘 그리운 생각으로 지낸다.

그립다는 생각도 그러나 사랑 없이 생겨나랴.

사랑 없이 행복하다는 생각이 생겨나랴.

그리움이 곧 사랑이고 사랑이 곧 행복이니라.

아침에 지저귀는 저 새야, 우리 아들, 딸 ,손자, 며느리 모두 모두 행복해지게끔 미국에서도 지저귀고 순천에서도 지저귀어다오.

아름다운 별들아, 우리 지구에 사는 사람들 더 행복해지도록 더욱 영롱하게 빛나거라.

이런 며느리이면 좋겠다

집안이 잘 되려면
며느리가 잘 들어와야 하는 법.

제 신랑이야 으레 위하겠지만
제 신랑도
저를 위해 줄 수 있도록
만들 줄 아는 며느리.

무언가 사는 일에
골똘해 있을 때
현관문 활짝 열고 들어오며

"아버님 저 왔어요."
환히 웃는 며느리.

시아비 소매 붙잡고
"있잖아요. 글쎄, 그이가" 하면서
제 신랑 흉을 털어 놓는 며느리.
시아비 팔짱 끼고 나서며
아이스크림 사달라고 조르는 며느리.
신랑에게 눈 흘기다가도
금방 웃는 며느리.
시어미 옆에 서서
김치 담그는 걸
다소곳이 배우는 며느리

즐거울 때 웃음 짓고
슬플 때 눈물지을 줄 아는 며느리.
작은 일에도 감격할 줄 아는 며느리.

아이 잘 낳는 며느리

제 애기에게 제 젖 물릴 수 있는 며느리.

시누이와 함께 잘 조잘거리고
사촌간이라도
집안 큰일 때
동서와 잘 화합하는 며느리.
큰일 끝내고 남은 음식
잘 싸주는 며느리.

머리 칼 까맣고
이빨도 하얗고 고르면서
화장도 잘 할 줄 아는 며느리.

여우하곤 살아도
곰퉁이완 못살아
여우같은 며느리.

아가야.
지금 어디서 무얼 하면서

내 집 식구 되려고

기다리고 있니?

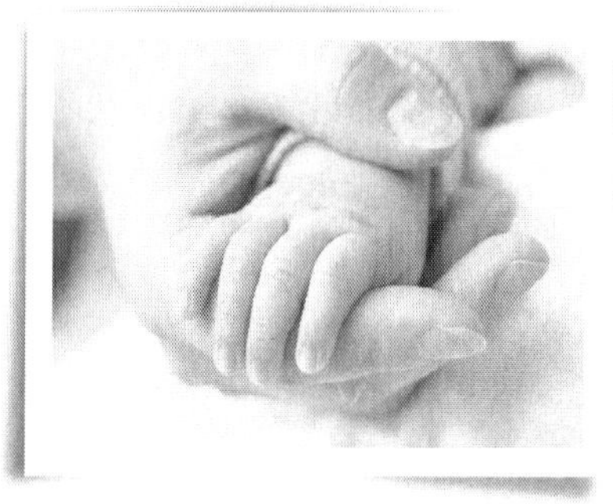

이 나이에 아직도 가슴 설레며 기다리는 것이 있다

며칠 전에 미국에 있는 아들, 며느리로부터 소포가 배달되었다. 전화로 미리 얘기를 들은 대로 우리 내외의 내복을 사서 보낸 것이었다. 소포 속에 동봉한 카드는 짤막한 인사말로 시작하고 있었다.

"이제야 첫 월급을 타서 내복을 사 보내드립니다. 따뜻하게 입으시고 이번 연말에 오시면 잘 해드릴게요. 아들 올림."

그 뒤로 구구절절한 사연이 뒤를 잇는다.

"멋진 아버님, 아름다운 어머님께,

오빠가 탄 첫 월급으로 정성을 드려 산 내복을 보내드립니다. (중략) 앞으로 더 좋은 소식만 보내드리는 예쁜 며느리가 될게요. (중략) 아버님 어머님 오실 날을 손꼽아 기다리며 오셔서 보내실 스케줄을 이모저모로 궁리하고 있습니다. (중략) 예쁜 며느리 올림"

낮 간지럽게도 꽤 여러 줄의 글에 '♡ 심벌' 이 들어있다. 은근히 기분이 들뜬다.

마누라 것은 잠옷으로 그런대로 좋아 보이는데 마누라가 건네주는 내복을 얼른 받아 입어보니 아래는 회색인데 헐렁하고 긴 것이 내복인지 잠옷인지 구별이 안 되고 윗옷은 까만 색으로 아래 위가 짝짝이다.

소포를 받은 다음 날 며느리로부터 전화가 온 김에 "애, 내복은 잘 받았다만 바지는 잘 안 맞고 윗도리는 짝짝이더구나" 라고 짐짓 까탈을 부렸더니 며느리는 깔깔 웃어댄다.

"아버님, 여기서는 내복이라는 개념이 없어서요, 그걸 찾느라고 오빠하고 얼마나 헤맸는데요. 그런 것 밖에 없어요."

이 말을 옆에서 듣고 있던 마누라가 끼어들었다.

"애, 너희 아버지가 그래도 좋아서 그 옷을 떠억 꺼내 입고서 지금 소파에 편히 앉아 전화 받고 있단다. 좋으면 그냥 좋다고 하슈" 하며 역성을 든다.

하기는 그렇다.

그것이 내복이면 어떻고 잠옷이면 어떠랴. 너희들이 정성들여 사 보낸 것만으로도 애비는 대만족이다.

아들 녀석이 미국에 건너가 포스트닥터 과정을 끝냈는데 이제까지는 수련 과정이니 빠듯이 제 생활비만 얻어 써도 만족하였지만 계약기간이 지나고 정작 직장을 구해야 할 시점에 이르러서도 달포가 넘도록 직장을 구했다는 얘기는 들려오지 않기에 걱정하는 말을 하였더니 그때마다 "아버님, 걱정하지 마셔요. 오빠가 어떤 사람인데요. 저는 오빠를 믿어요. 지금 몇 군데에서 전화 접촉이 들어오고 있으니 곧 잘 될 거예요. 여기 사람들은 모든 것이 한 템포 늦으니까 바로 좋은 소식이 있을 거예요."

말은 그렇게 하지만 결혼 후 바로 미국을 건너가 몇 달 만에 비록 짧은 기간이라지만 신랑이 실직상태에 놓였으니 저도 꽤나 답답하련만 전혀 내색을 하지 않고 오히려 나를 위로하는 말투가 귀엽고도 신통방통하다.

그 후로도 보름여가 지나서야 제가 제1순위로 지망했던 회사에서 여비와 숙박비를 보내주면서 인터뷰 요청이 있어 응했더니 팀원 전체 7명이 합동으로 4~5시간을 이것저것 질문을 하고 토론을 하는데 무척이나 까다롭고 특히 팀장이란 사람이 실무경력이 없어서 마땅찮은 내색을 보이니 별 기대는 안하지만 또 다른 데에서도 연락이 왔으니 걱정하지 말라고 제법 여유를 보인다.

그 뒤 며칠, 아들로부터 전화가 오는 일요일 아침이 아닌데도 전화벨이 울리더니 곧이어 며느리의 들뜬 목소리가 들려온다.

"아버님, 어머님의 자랑스러운 아들이 드디어 일을 해 냈어요. 그 회사에서 입사합격 통지가 지금 막 도착했어요! 기쁜 마음에 아버님께 제일 먼저 전화 드리는 거예요. 사실 저희도 꽤 조마조마 했었거든요."

하면서 기쁜 소식을 전하더니 그 후로 전화가 올 때마다 보수도 저희들이 흡족할 만한 수준으로 계약을 했고 지금 살고 있는 시애틀에서 회사가 있는 샌프란시스코까지의 비행기 값이며 이사비용도 보내주고 회사 근처의 사옥까지 한 달간 임시로 살게 해 준다는 것, 그래서 이사준비를 하려니 지금 타고 다니는 자동차를 실어보내기가 거추장스러워서 꼬박 2박3일은 교대로 운전을 하며 내려가야겠다는 것 등을 시시콜콜 보고를 해준다.

"이놈아, 너는 그래서 신혼여행을 두 번씩이나 하는데 좀 좋으냐?"

"헤에, 그렇기는 하지만요" 하면서 낄낄댄다.

그렇게 해서 취직을 한 아들 녀석이 보내준 내복이며 내복을 보내기 전에 며느리는 전화로 "아버님, 여기서는 크리스마스부터 신정까지는 회사가 놀거든요. 그때 아버님, 어머님이 꼭 오셨으면 좋겠어요. 비행기 표도 저희들이 보내드렸으면 좋겠는데 아직은 자리가 덜 잡혀서 못해드려 죄송해요. 다음부터는 저희들이 꼭 사서 보내 드릴게요. 집도 아버님 어머님 오실 것에 대비해서 방도 두 개짜리를 얻고, 오시면 뭘 해 드릴까 곰곰이 생각해서 계획을 잘 짜놓을게요."

아주 간곡한 말로 초청을 하는 것인데 저희들이 초청하지 않아도 가보고 싶은 마음이 굴뚝같지만 비수기에는 백만 원 정도의 비행기 표가 성수기인 연말에는 비행기 표가 1인당 왕복요금이 2백만 원 가까이 든다는 말에 아까워서 망설이다가 '내가 돈 모아 두었다가 이럴 때 써야지 언제 쓰랴' 하는 생각에 그러마고 약속을 했었는데 다시 아들에게서 연락이 왔다.

아무래도 아버지가 아까워하실 것 같아서 여기저기 인터넷을 뒤져보니까 동남아 어느 비행사에서 백만 원짜리를 팔고 있으니 전화를 걸어보란다. 곧 비행사로 알아보았더니 막상 안내 직원도 그렇게 싼 비행기 표는 없다는 것이었다. 다시 우리 아들이 당신네 회사 홈페이지에서 확인하고 전화를 한다고 했더니 다시 알아보고 그때서야 자기네들도 몰랐었노라고 바로 인터넷으로 구매하란다.

'짜식, 제 부모 한 번 모셔보려고 꽤나 샅샅이 뒤져 보았군!'

이런 곡절 끝에 기어이 이번 연말에는 아들 내외가 신접살림을 차린 미국을 가게 되었다. 저희들이 마음먹고 효도하겠다니 모처럼 맞은 기회에 호강 한번 누려보자. 사실 시집오기 전에 두어 번 얼굴 마주하고 결혼식 끝나고 집에서 하룻밤 보내고 미국으로 훌쩍 떠내 보낸 며느리이니 마루에 걸어 놓은 결혼식 사진에서는 활짝 웃고 있지만 이따금 걸려오는 전화 목소리만 귀에 익고 막상 얼굴은 가물가물하다.

이번에 가서 아주 확실히 익혀 놓자.

제 나라도 아니며 경제가 급격히 나빠져서 다니던 사람도 쫓겨난다는 판국의 생소한 미국에서 제가 흡족한 직장을 얻어 자리를 잡은 자랑스러운 아들도 빨리 보고 싶다. 그래서 내 나이 예순하고도 반절을 훌쩍 넘겼으면서도 마누라와 함께 가슴 설레며 다가 올 연말을 기다리는 것이다.

자식 자랑은 팔불출이라 하는데 열두 불출인들 어떠랴. 자랑하고 싶은 마음에 입이 근지러워서 못 견디겠다! 듣기 싫은 사람은 듣지 마슈. ㅎㅎ

꿈같이 보낸 일주일

얼어붙은 경제 탓에 사람들의 마음은 추웠지만 날씨는 따뜻하였다.

2008년 12월 24일, 거리마다 짤랑거리는 구세군 냄비를 뒤로하면서 인천 공항으로 향하는 나와 마누라의 마음은 한껏 부풀어 있었지만 공항 리무진도, 공항도, 미국행 비행기마저도 빈자리가 많았다.

오후 6시 20분발 미국 샌프란시스코 행 싱가포르 에어라인 비행기는 좌석이 반도 차지 않았고, 덕분에 10시간이나 걸리는 밤으로의 긴 여행은 그런대로 썩 편하게 한 셈이다.

샌프란시스코 도착은 같은 날 오전 10시였지만 수화물 하역기계가 고장 나는 바람에 정작 공항 밖으로 나온 시간은 12시가 다 되어서였다.

아들 내외가 신혼살림 차린 것을 보러 먼 길을 날아 왔으니 마중도 당연히 아들 며느리가 함께 나와서 반겨주려니 잔뜩 기대를 하고 나왔는데 껑충하게 키만 큰 아들 녀석이 혼자서 반겨 맞는다.

50분쯤 달려 아들네 집에 도착하니 부엌에서 뭔가를 준비하던 며느리가 반색을 하며 맞이하는데 인사가 끝나자 마누라가 참지 못하고 한마디 한다.

"애, 나는 너희들 둘이 함께 공항에 나올 줄 알았는데 왜 혼자만 보냈니?"

"아유, 어머님 제가 오늘 5시에 일어나서 어머님, 아버님 오시면 잡숫게 하려고 음식을 준비하는데 해도 해도 끝이 안 나는 거예요. 점심에 드실 갈비찜하고 버섯볶음을 했는데 생각보다 시간이 엄청 많이 걸려서 못 갔어요."

대충 짐을 정리하고 씻은 다음 식탁에 앉으니 정말 갈비찜, 버섯요리, 몇 가지 나물무침이 나오는데 밥상이 꽉 찰 정도다.

그러나 긴 밤을 비행기 안에서 입에 안 맞는 음식 때문에 느글거리는 뱃속 탓에 갈비찜에는 영 젓가락이 가질 않는다.

그보다는 집에서 가져온 김장김치가 훨씬 속을 달래준다.

말이 났으니 말이지 "엄마가 담근 김치 맛이 그리워요" 하는 아들 녀석의 말 한마디에 감격한 마누라는 큰 통으로 두 개나 김치를 담아 짐을 꾸리는 바람에 돌덩이처럼 무거운 짐을 옮기느라 힘깨나 썼던 터였다.

두어 점 인사치레로 갈비찜을 먹고 점심을 끝내니 졸음이 밀물처럼 몰려든다.

그러나 시차적응을 빨리 하기 위해서는 현지 시간에 맞추어 잠을 자야 하는 법, 억지로 잠을 참으며 얘기를 하자니 저녁 메뉴는 쇠고기 바비큐인데 그러려고 새로 바비큐 기구도 장만하였고 숯불이며 벽난로에 땔 장작도 사다 두었단다.

술도 있느냐고 했더니 소주 한 병이 있단다.

"임마, 미국에 와서 양주를 먹어야지 소주 한 병 가지고 되냐? 졸리기도 하고 그러니 술이나 사러 가자."

이윽고 저녁시간이 왔으며 아들은 베란다에 나가 바비큐 기구에 숯불을 피우고 며느리가 썰어준 고기를 은박지에 싸서 굽고 마누라는 고기 익히는 방법을 일러주느라 부산한데 나도 한마디 거들었다.

"얘, 나는 rare로 익힌 것이 좋다."

고기는 두툼하게 썰어서 겉만 살짝 익히고 속은 붉은 색이 그대로인 채 약간의 피가 배어나올 정도로 익힌 것이 육즙의 맛도 살아있고 씹기에도 부드러우니라.

느글거리던 뱃속도 가라앉고 아들 며느리가 번갈아 따라주는 양주 반병에 기분은 하늘로 날아오를 듯하다.

아들이 이 집에 이사 온 후 처음으로 벽난로에 불을 지펴 보잔다.

은박지에 싼 장작 하나를 꺼내 쇠 틀 위에 얹어 놓고 불을 붙이는데 기름에 절인 장작에 금방 불꽃이 피어나며 온 방안이 환하고 따뜻해진다.

이걸로 난방을 하는 것은 아니고 특별한 날에 분위기 조성용으로 만들어 파는 장작이란다. 오는 날까지 집에서 자는 날은 내내 이 장작 한 개비씩을 피웠다.

입맛에 맞게 익힌 고기에 양주로 얼큰해진 데다가 마누라와 며느리는 뭔가 열심히 도란거리며 이야기를 하고 있고 아들이 벽난로에 불까지 때서 분위기를 잡아주니 예서 더 좋을 수는 없다.

소파에 편안하게 주저앉으며 노래가 나온다.

미국에 왔으니 미국노래를 불러야지.

"From this valley they say you are going. We will miss

your bright eyes and sweet smile⋯."

"아유, 아버님 노래를 다 부르시네?"

좋으면 노래도 나오는 거지.

소파에 비스듬히 누우며 나도 모르게 걷잡을 수 없는 잠 속으로 빠져들었다.

이튿날은 12월 25일 바로 크리스마스 날이다.

꽤 이른 시간에 눈을 떴는데 벌써 며느리는 주방에서 달그락거리며 음식 준비를 하느라 분주하다.

우리가 여기 온 이래 비록 집에서 먹는 것은 아침 한 끼 뿐이지만 - 점심 저녁은 구경 다니느라 외식을 하므로 - 매 끼니 알맞게 좁쌀을 섞어 밥을 새로 짓고 국도 재료를 번갈아가며 새로 끓이는가 하면 무슨 반찬이든지 새로운 것이 한 두 가지씩은 나오니 제가 전화로 미리 얘기했던 대로 우리가 묵을 동안 먹을 매 끼 메뉴를 작성해 놓고 그대로 실천하고 있음이 분명하다.

이날 아침 메뉴는 된장국에 호박나물과 오이 무침 - 된장국은 매콤하게 고춧가루를 듬뿍 쳐서 시원한 국물 맛에 이마에 땀이 송송 맺히며 속이 확 풀린다.

그러나 호박과 오이나물은 솔직히 맛이 별로였다.

정성을 들여 무치고 데쳤지만 우선 재료부터가 미국 것은 껍질만 두껍고 속은 설컹대는 것이 제 맛이 아니다.

그러나 그게 무슨 허물이 되랴.

저도 시집오기 전에는 공부하랴 직장 다니랴 언제 음식을 해봤을 것 같지 않은데, 갓 시집오자마자 미국으로 건너와서 열 달 만에 처음으로 시부모를 모시고자 누가 가르쳐주는 사람도 없이 혼자서 책을 보며 이만큼 요리를 해냈으니 그 갸륵한 정성에 먹지 않아도 배가 부르다.

된장국이 내가 먹어본 중 제일 맛있었노라고 칭찬해준다.

아침을 먹고 아들 내외는 설거지하랴 집 청소하랴, 마누라는 나들이 준비하랴 바쁜데 나 혼자서 할 일이 없으니 집 주위를 둘러본다.

한국식으로 하면 약25평 정도의 아파트인데 신혼살림 하기에는 딱 알맞은 것 같고, 드문드문 들어서 있는 아파트 동棟 사이의 공간은 잔디와 나무로 잘 가꾸어졌는데 정구장이며 야외수영장이 갖추어져 있고 어설피 미지근한 물이 담겨있는 야외 욕조浴槽까지 있건만 오가는 사람은 전혀 없고 동네는 쥐 죽은 듯이 조용하며 바다가 가까운 때문인지 장닭 만한 갈매기가 가끔씩 너울거리며 날아든다.

멀리 보이는 산등성이에는 이 따금씩 소 떼도 나타나서 풀을 뜯는다는데 나는 그게 골프장쯤 되려니 짐작했었는데 이 지역은 강수량이 매우 적어서 나무가 자라지 못한다는 것이었다.

이날 나들이 코스는 근처의 Halfmoon Bay의 해변을 둘러보고 저녁에는 근처에 사는 외삼촌(나에게는 큰 처남) 댁의 크리스마스 초대에 가기로 되었단다.

집을 나서며 마누라가 며느리에게 "얘, 오늘은 오래간만에 내가 아들 팔을 끼고 갈 테니 네가 좀 양보해야겠다" 하니 "그럼 나는 아버님을 맡아야지" 하며 얼른 내 팔짱을 끼며 나선다.

이래서 일주일 내내 자동차 앞좌석에는 아들과 마누라, 뒷좌석에는 며느리와 내가 앉는 식으로 자리가 정해졌다.

해변으로 가기 전에 식당에 들려 햄버거를 먹기로 예정했는데 크리스마스에는 근처의 모든 식당이 문을 닫고 오직 허름한 중국집 하나만 문을 열고 홀로 호황을 누리고 있었다.

나에게는 오히려 중국집의 맛없는 우동이 잘 만든 햄버거보다는 더 입맛에 맞으니 다행이었다.

Halfmoon Bay의 해변의 겨울 풍경은 황량하였다. 가없이 드넓은 백사장에 세찬 바람과 함께 산더미 같은 파도가 사정없이 해변으로 몰려들어 부서지는데 큰 갈매기들이 너울너울 날아다니고 겨울바다를 즐기는 몇몇 사람들이 카메라에 풍경을 담고 있었다.

며느리는 평균 3분마다 우리 내외를 보고 포즈를 잡으라며 사진을 찍어대고 옆에 다른 사람이 있으면 거침없이 사진을 부탁하고 저도 품앗이로 그들의 사진을 찍어주고 하는데 어디에 포커스를 맞추고 이러저러한 구도로 찍어달라는 등 설명에 막힘이 없다.

아무리 어학연수를 열심히 하고 또 시집오기 전에 외국기관에서 근무하며 단련을 받았다 해도 저만큼 영어를 막힘없이 구사하려면 꽤 많은 노력 없이는 불가능했으리라 생각해 본다.

저녁때가 되어 찾아간 처남댁은 고급주택가여서 그런지 경제불황은 아랑곳하지 않는 듯 집집마다 휘황한 크리스마스장식을 해놓았는데 이곳 역시 사람의 그림자는 눈에 띄지 않는다.

미국에서 공부를 해서 학위를 받아 줄곧 직장생활로 성공한 재미동포가 된 처남 집은 그야말로 으리으리하였고 슬하에 아들딸을 두고 사위까지 얻었으나 우리 아들과 동갑내기인 아들은 아직 장가를 못 들었는데 우리가 며느리 잘 얻었다고 부러워하며 우리 아이들더러 중매를 해보라고 내외가 안달을 하더란다.

이날도 딸 내외와 외손자, 손녀까지 와서 함께 크리스마스를 즐겁게 보냈으나 아들이 참석하지 않은 것은 아마도 부모들이 하도 장가들라고 성화를 해대기 때문이었을 거란 추측인데 그 양반들 조바심에 나는 심술궂게도 느긋해진다.

하여튼 멀리 미국까지 와서 처남댁 식구들과 크리스마스를 함께 보냈다는 것은 참으로 감회 깊은 일이었다.

사흘째 되는 날은 샌프란시스코 시내관광으로 일정을 잡아 놓았단다.

나는 예전에도 여기를 와서 웬만한 곳은 다 한번 둘러보았으니 별 신기할 것도 없지만 아들 내외는 우리가 오면 함께 구경하려고 일부러 다 둘러보지 않았다는 것이고 가족과 함께하는 나들이가 중요하지 까짓 구경이야 덤으로 쳐도 된다.

아침을 먹고 느긋하게 앉아 커피를 마시며 얘기를 나누던 중에 마누라가 기분 좋을 때 녹음기처럼 늘 하는 스토리, 우리 젊어서 처음 만날 때의 얘기를 좀 과장을 섞어서 말하는데 이때 나는 항상 바보 온달이고 저는 평강공주쯤 된다.

며느리는 제 신랑과 사귀게 된 사연을 말하는데 처음에 그룹미팅으로 만나 그저 그렇게 알고만 지냈었는데 졸업을 하고 어렵사리 취직을 한 국제기관이 신랑이 다니던 학교 캠퍼스

안의 한 건물에 있었단다.

그래서 몇 번 들러서 얘기를 건네곤 했단다. 하루는 아침에 맑던 하늘이 오후 퇴근 무렵에는 억수로 비가 쏟아져 집에 갈 길이 참 막막하던 차에 불쑥 신랑이 나타나 우산 하나를 내밀고 가는데 그만 감격해서 마음을 빼앗기고 말았단다.

"그런데 정작 오빠는 나에게 우산만 건네주고 그날 다른 여자를 만났다지 뭐예요?" 하며 눈을 흘긴다.

"헤헤, 뭐 나도 마음이 있으니까 떡밥을 뿌려 놓은 거지."

아들이 겸연쩍게 웃으며 말한다.

'허어, 저 녀석이 쇠가죽처럼 뻣뻣하기만 한 줄 알았더니 그런 면도 있었나? 그러나 염려하지 않아도 된다. 저 놈이 저래도 아무에게나 허투루 수작붙일 놈은 아닌 걸 내가 보증 하마.'

나 혼자 속으로 한 말이다.

샌프란시스코 관광은 남들 하는 대로 금문교와 알카트라스 섬 등지를 들러보고 도중 미리 내비게이션에 등록해 놓은 대로 항구 근처의 분위기 좋은 이태리 식당을 들어갔는데 메뉴판에 깨알같이 적어 놓은 음식이름이 도무지 생소하여 뭐가 뭔지 짐작이 안 간다.

아들 내외가 시켜주는 대로 음식이 나왔는데 스파게티에 홍합 따위의 조개류를 좀 집어넣은 것으로 분위기만 그럴싸했지 나에게 이런 음식은 아주 젬병이다.

전에는 양식도 꽤 즐겨 먹었는데 나이 들어 갈수록 칼칼한 우리 음식만 찾게 된다.

점심을 먹고 장소이동을 하는 중에 속이 부글거리고 영 편하지가 않은데 그렇다고 며느리 옆에서 함부로 소리 내어 배출시킬 수도 없다.

"얘, 내 뱃속에서 기체가 많이 발생하고 있다."

나만 그런 것이 아닌 듯 항구의 공중 화장실에 네 식구가 같이 들어가서 간신히 해결한 다음부터 내비게이션에 장소별로 미리 입력해 놓은 식당 중에서 한식당이 있는 곳에서는 양식집은 모두 삭제해 버리기로 하였다.

그래서 저녁은 한인 타운의 한식당에서 세 식구는 얼큰한 생선찌개로 속을 달래고 나는 이날도 예외 없이 낙지볶음에 소주 병반으로 기분이 좋아졌다.

4, 5일째 되는 날은 LA로 이동하여 이틀 자고 온단다.

LA 역시 나는 전에 몇 번 왔었던 터라 신기할 것은 없지만 서부 해안선을 따라 드넓은 태평양을 바라보며 이동하는 도로는 절경이었다.

가는 도중 점심을 해결하기 위하여 들린 Camel이란 작은 마을이 있었는데 휴양지로 먹고 사는 동네인 듯, 온 마을을 동화 속에 들어 온 것처럼 착각할 정도로 오밀조밀 잘 가꾸어 놓았다. 한 겨울인데도 집집마다 이름 모를 꽃들이 활짝 피어 있다.

그럴싸한 분위기 있는 집에서 점심을 먹고 거리를 돌아보는데 마누라가 목걸이며 팔찌 따위 장신구를 진열해 놓은 집 안으로 들어가더니 움직일 줄을 모른다.

이럴 때는 얼른 자리를 피해야지 무슨 난처한 주문이 떨어질는지 모른다. 밖으로 나와 거리를 구경하는 척하고 있으려니 안에 있던 세 식구가 실실 웃으며 하는 말이

"아버님, 글쎄 저 가게 주인 영감이 어머님을 보더니 벌떡 일어서면서 'Incredibly sexy and beautiful!' 이라고 하지 않아요!"

아들이 "짜아식들! 가끔 가다 여기 놈들 껄떡대는 건 못 봐준다니까!" 하면서도 화가 난 눈치는 아니다.

나이 들어서도 짙은 화장을 즐겨하는 마누라를 보고 나는 이럴 때 울어야 하나, 웃어야 하나 망설이다가 한마디 했다.

"당신, 정말 Incredibly sexy하군!"

가는 길에 한국인이 경영하는 일식집에 들려 소주 한 병과 연어회로 저녁을 먹고 산타 모니카의 호텔에 도착한 것은 꽤 늦은 시간이었다.

차 트렁크에는 옷가지며 음료수 따위를 넣다보니 가방이 4개나 되었다.

아들은 호텔 체크인을 하려고 미리 서둘러 들어가고 어쩌다 보니 남은 짐을 내가 가방을 두 개를 끌고 가고 마누라는 핸드백만을 달랑 들고 가는 상황이 되었는데 며느리가 이를 보고 별 뜻 없이 한마디 한 것이 그만 까탈이 나고 말았다.

"아버님은 참 신사시네요."

마누라의 눈 꼬리가 살짝 치켜 올라간다.

여기 오기 전에 마누라와 미리 얘기해 둔 바가 있었으니

"아이들 결혼해서 처음 만나러 가는 것이고 애들이 아무리 잘해준다 하더라도 모든 게 다 마음에 꼭 드리라고 생각해서는 안 될 것인 즉, 다소 거슬리는 점이 있어도 너그럽게 넘어가야지 모처럼 짧게 만났다가 서로 엇각이라도 나면 멀리 떨어져 살면서 풀 기회도 만만치 않을 걸. 그리고 우리가 아무리 원해도 아이 빨리 가지라고 성화하지도 말고."

넌지시 던지는 나의 말에 마누라는

“내가 한두 살 먹었수? 그만한 건 다 알아서 하고 잘 못하는 게 있으면 따끔하게 알아듣도록 잘 타일러야지” 했던 터였다.

이튿날 우리 방으로 인사하러 온 며느리에게 마누라가 정색을 하며 말한다.

“얘, 너 어제 아버지에게 신사라고 한 말, 그게 무슨 뜻이냐? 그럼 나는 못 된 사람이고?”

상황을 알아차린 며느리가 얼른 한 팔로 시어미 허리를 휘감고 머리를 가슴에 꼭 가져다 붙이며 말한다.

“어머님, 다음엔 정말 조심해서 말할게요.”

세상에 이런 며느리를 야박하게 가슴에서 떼어낼 독한 시어미가 있을 손가?

단번에 마누라 얼굴이 흐물흐물해진다.

다음 날 산타 모니카의 해변도 좋았고 그다음 날 LA의 무슨 정원인가 하는데도 좋았으며 별 것 아닌 할리우드의 스타의 거리에 찍은 손발바닥 자국도 가족들과 시시덕거리며 보니 즐거웠다.

집으로 돌아오는 길에 펼쳐지는 사막과 초원의 풍경도 좋았으며 끝없이 펼쳐진 과수원의 규모에 놀라기도 하였다.

샌프란시스코에 가까워져서 들른 쇼핑몰에서 며느리에게 내가 옷 하나를 사 줄 테니 고르라니까 불황경제에 연말 세일이 겹쳐 값이 아주 싼 스웨터 하나를 골라 들고 눈물을 글썽이며 좋아한다.

이윽고 12월 31일, 아침부터 서둘러 집을 나와 공항으로 향했고 짐을 부치고 출국 게이트로 나가는 우리들을 끝까지 지켜보며 아들 내외는 손을 흔들다가 며느리는 연신 안경을 치켜들며 눈물을 닦아낸다.

'짜식, 제 신랑 따라서 미국 들어가던 날도 제 친정 부모 앞에서 저렇게 울더니….'

이번에는 낮으로의 긴 비행 중에 마누라가 내게 말한다.

"정말 일주일을 꿈같이 보냈네. 그런데 얘가 너무 마음이 여린 것 같아. 글쎄, 게이트로 들어오는데 내 허리를 꼭 껴안더니 '어머니 다음에 오시면 더 잘해드릴게요' 하더라구요. 정말 내년에 또 와도 이번처럼 잘해줄까?"

"아무렴, 그렇지만 내년에는 손자를 보러 와야 할 걸? 우리가 며느리 참 잘 얻었지?"

새 해를 비행기 안에서 맞고 인천 공항에 도착한 것은 1월 1일의 저녁이었다.

제 3 장

보신탕집 아줌마의 눈물

보신탕집 아줌마의 눈물

골목 안 사람들

노랑제비꽃

자네 백수인 거 다 알아

혼자 마시는 술

따뜻한 겨울

여름

꽃보다 잎, 잎보다 열매, 그리고 나무

경청傾聽과 목계木鷄

호기심으로 들여다본 초고대 문명

창세기 실험

혼자
마시는
술

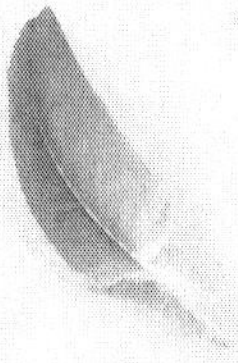

보신탕집 아줌마의 눈물

모처럼 연이틀을 내리 놀게 된 12월 25일, 하루라도 집에만 붙어 있으면 좀이 쑤셔오는 성미인지라 오후 들어 어슬렁거리며 집을 나섰다.

거리는 온통 크리스마스 장식과 캐럴 송으로 흥취를 돋워내고 있는데, 마땅히 갈 곳도 없고, 그냥 전철을 타고 나서 생각하니 겨울 바다가 그럴 듯하다 생각되어 인천으로 향했다. 그러나 전에도 이런 식으로 갔었지만 인천의 바닷가라야 바다 같은 기분도 들지 않았던 터라 생각을 바꾸어 새로이 단장을 해 간다는 인천의 차이나타운을 이리 기웃 저리 기웃 해보는데 여기도 예외 없이 크리스마스 장식이 여기저기 반짝거린다.

시간도 꽤 지나서 출출해지는데 뭘 먹을까 궁리하다가 날씨도 어지간히 춥고 문득 김이 무럭무럭 나는 보신탕 생각이 머리를 스친다.

원래 음식을 특별히 가려 먹는 것도 아니지만 무슨 보신 음식을 별나게 찾아 먹는 습관도 없는 터인데 크리스마스 장식이 거리마다 요란스러운 데다가 “크리스마스가 뭐 별거냐?” 하는 다소 억한 심정도 어울려 이런 날에 뜨끈하게 삶은 개고기 한번 먹는 것도 괜찮겠다 하는 야릇한 생각으로 언젠가 한번 가 봤던 보신탕집으로 발길을 옮겼다.

문을 열고 들어서니 그 넓은 방안에는 냉기만 썰렁하고 방한 가운데 고작 조그만 석유난로 하나가 빨갛게 빛을 발하고 있을 뿐이다.

그래도 좀 따뜻하게 보이는 아랫목 자리에 앉으려고 주춤대니 주인아줌마가 얼른 와서 “손님, 이 자리는 우리 주인이 많이 아프다가 오랜만에 나와서 식사하려고 미리 덥혀 놓은 자리이니 저쪽 상에 잠간 앉아 계시면 금세 보일러 넣어서 따뜻하게 해 드릴게요” 하면서 사뭇 미안한 표정을 짓는다.

좀 떨떠름한 기분이기는 하지만 사정이 그렇다니 할 수 없이 자리를 바꾸어 앉아 수육 한 접시를 시켜 놓고 있으려니 바로 오십 남짓한 사내가 파리하고 초췌한 모습으로 들어와 내가 앉으려던 자리에 앉는다.

아줌마는 바로 준비한 상을 차려 내놓는데 보신탕집에서는 어울리지 않는 버섯이며 시금치 쑥갓 등 맛깔스러운 반찬이 그득하다.

그 사이 내 상에도 다른 아줌마가 수육 한 접시에 삶은 부추 등 어울리는 반찬이 나오고 나는 소주잔을 기울이며 마땅히 눈을 둘 데도 없으니 주인 내외의 식사 광경을 바라보게 되었다. 주인아줌마는 젓가락으로 반찬을 남편의 밥숟갈에 얹어주며 보살펴 주는데 그 정성이 어찌나 살가운지 어쩌다 들른 내가 슬그머니 샘이 날 정도이다.

이윽고 아줌마는 손님에게서 자리를 빼앗은 미안 치레를 겸하여 내게 말을 건넨다.

"이 양반이 글쎄 위암 수술을 받고 한 달 만에 처음 가게에 나온 거예요. 이 가게도 한 달 만에 처음 다시 열었구요. 멀쩡히 같이 일하다가 갑자기 배가 좀 아프다고 병원엘 가더니 그길로 바로 수술을 해야 한다지 뭡니까? 얼떨결에 수술 동의서에 도장 찍고 한 달을 어떻게 보냈는지 모른답니다. 가게도 아무리 겨울이지만 이렇게 손님이 없지는 않았는데, 그래도 이이가 이렇게 나와 앉으니…" 하면서 미쳐 말끝을 잇지 못한다.

그래도 차마 남편에게 눈물을 보이기 싫은 듯, 아니면 약한 제 모습을 남편에게 보이지 않으려는 듯 고개를 내 쪽으로 돌리는데 얼굴은 웃고 있어도 눈에서는 바로 눈물이 떨어질 듯 그득하게 고여 있다.

아직은 젊음이 채 가시지 않은 얼굴인데 물수건을 접어 매무새하는 듯 동작을 꾸며대며 얼른 눈에서 눈물을 찍어 낸다. 그러면서도 바로 "당신 지금부터 이렇게 많이 먹어도 돼요? 벌써 몇 숟갈째인데…."

사내도 제 아내 눈에서 눈물 찍어 내는 것을 모를 리 없건만 꾸역꾸역 밥을 씹어 삼킨다.

한 달 동안 가슴 졸이게 한 지옥의 초조함을 이기고 죽음의 고비를 넘겨서 이렇게 밥상머리에 앉은 남편이 미덥지만 또 한편 못 미더우며 기쁘지만 또 한편 서러우며 안도하지만 또 한편 불안한 아줌마의 심경을 내 어찌 짐작 못 하랴.

지아비와 지어미가 서로 만나 이 한 세상을 함께 살아간다는 것, 그래서 한 사람의 살아 있음만으로 또 한 사람의 삶에 이렇게 큰 기쁨이 되고 위안이며 버팀 목이 될 수 있다는 것…

뭉클하게 가슴에 커다란 파도가 물결 쳐 온다.

바깥에는 온통 캐럴 송이 울려 퍼지는데, 크리스마스가 뭐 별건가 하는 꼬인 생각으로 들어 선 골목 안 보신탕집의 크리스마스이브는 이렇게 깊어 가고 있었다.

문 밖을 나서니 도시 하늘에 높이 뜬 보름달이 온 누리를 하얗게 비치고 있었다.

하기는 이것도 또 별다른 화이트 크리스마스로군!

골목 안 사람들

내가 십년 가까이 가게를 열고 장사를 하고 있는 이 동네는 인천에서도 변두리 – 처음 시작할 때만 해도 길 하나만 건너면 넓은 들 논이 펼쳐 있고 조금만 구석진 곳으로 들어가면 보신탕용 육견肉犬, 돼지 같은 가축을 사육하는 집들도 있었던 – 동네였다.

지금은 그 넓던 논들은 아파트단지로 변했고 후미진 곳의 개 사육장 따위도 다 헐려서 그럴싸한 빌딩으로 바뀌어졌지만 근방에 살던 사람들이야 어쩔 수 없이 그렇고 그렇게 살아가는 그런 동네이다.

내가 하는 일이 이른 아침에 주로 출고가 이루어지기 때문에 아침7시 전후하여 가게에 도착해 보면 앞 집 구멍가게의 평상에선 야근을 끝내고 나온 공장 사람들의 술판이 벌써 무르익었었다.

지금은 그 공장도 다 중국으로 이전해 버려서 야근하는 근로자들도 없어졌지만 그래도 가끔씩 동네 토박이 술꾼 하나둘이 굳게 잠긴 가게 문을 두드리며 술을 팔라고 외쳐대는 일이 심심치 않게 보인다.

그런 술꾼들의 몽롱한 눈동자에도 노란 유니폼을 입고 열심히 그날 배달 판매할 제품들을 보온 제품 상자에 정돈하여 담고 있는 우리 판매원 아줌마들이 어여쁘게 보이지 않을 수 없나보다. 실실 웃으며 다가와 수작을 건넨다.

"아줌마 야쿠르트 하나에 얼마야?"

"130원이요."

"야아, 너무 비싸다. 그거 열 개 사면, 하나 덤으로 주나요?"

"…."

"하나 덤으로 더 주냐구요!"

"…."

"내가 이래도 왕년에 중앙정보부에 있었어요. 뭐 부탁할 거 있으면 말해봐."

이미 어떤 사람인지 익히 알고 있는 아줌마들이 그 객쩍은

찌그렁이에 일일이 대꾸해 줄 만큼 한가하지가 않다.

늙었을망정 사내라고는 나 하나 밖에 없으니 슬그머니 동정을 살피러 나가 보는데 나를 보자마자 비틀거리는 몸으로 갑자기 부동자세를 취하면서 "충성!" 우렁차게 거수경례를 붙이는데 군기가 제법 엄정하다.

그리고는 바로 흐느적거리는 몸짓으로 "형님" 어쩌구저쩌구 이야기가 바로 끈적거리게 길어질 판이다.

이 형님에게 충성을 하겠다는 뜻은 갸륵하나 나 또한 자네 주정을 받아 줄 만큼 한가하지 않으니 한번 슬쩍 웃어 버리고 도로 내 자리로 돌아온다.

한 동안 일하는 아줌마들을 번갈아가며 수작을 걸다가 일체 대꾸가 없으니 저도 지쳤는지 어디론가 가나보다 했는데 갑자기 바로 옆 골목에서 큰 소리로 욕지거리가 들린다.

"야, 이 새끼야! 술을 아침부터 똥구멍으로 처 먹었냐? 남 일하는데 와서 왜 지랄이냐?"

메다꽂을 것 같은 기세로 멱살을 휘두르는데 옆의 동료들이 뜯어 말린다.

거기는 30~40대 한창 나이의 사나이들이 슈퍼에 배송 판매하려고 차에 상품을 싣는 하치장이니 우리 아줌마들처럼 만

만하지도 않을뿐더러 자칫 잘못 건드렸다가는 비싸게 마신 술이 다 깰 정도로 혼쭐이 날판이다.

도시의 골목이 다 그렇듯이 이 동네도 길옆에 조금만 빈자리가 있어도 다 주차장이 되어 버린다. 처음 가게를 인수하고 며칠이 지났을 무렵, 가게 옆 빈터에 차를 대고 나서는데 바로 앞차와 벽 사이 틈바구니에 웬 할아버지가 쪼그리고 앉아 있는 모습이 바로 용변을 보고 있는 것이었다.

나는 웬 거지 노인이 아침부터 남의 동네에 와서 저 짓을 하나 했었는데 알고 보니 바로 앞 구멍가게집의 할아버지라는 것이었다.

이 노인네 분명 노망이나 치매에 걸린 것도 아닌데 한사코 용변을 길바닥에 본다는 것이다.

평생을 농사일에 매달려 살다가 늙어서 농토는 다 도시화 물결에 휩쓸려 가버리고 주거환경과 생활 방식이 송두리째 바뀌었으니 그 옛날 두엄 한 바가지라도 땅으로 환원시키던 일이 그리워서일까? 아니면 집안에 설치한 정화조가 차오르는 것이 아까워서일까? 이해할 수 없는 행동이다.

이 노인네가 그러나 손자 사랑은 극진하여 손자가 장사한다고 몰고 다니는 1톤 트럭을 세워 놓는 자리에 다른 차라도 주차시키려고 주춤거리면 당장에 불호령이 떨어지고 어쩌다 안 보는 사이에 멋모르는 다른 차가 주차 되어 있으면 당신 몸도 제대로 못 가누면서도 당장에 백미러나 유리창을 지팡이로 박살을 내어 놓기 일쑤이다.

이 노인네가 그래도 비칠비칠거리며 인근의 온 동네를 정처 없이 돌아다니는데 마음 내키면 버스도 경로우대 공짜로 타고 다닌다.

그래도 바로 앞집에서 이웃해 지난다고 나와는 서로 아는 체를 하며 지내는 사이건만 어쩌다 조금 떨어진 다른 동네에서 마주치면 전혀 모르는 체 "나 좀 봐여, 내가 차비가 없어서 그러는데 나 천원만 좀 줘" 이런 식이다.

홀시아버지와 같이 사는(시아버지를 대하는 태도로 보건대 모시고 있다고는 표현할 수 없겠다) 역시 홀로 된 며느리 – 이 며느리도 이미 손자가 둘이나 되는 할머니이다 – 는 이런 노인네가 질색이지만 당신 기운으로 돌아다니는 걸 어찌 막아볼 도리도 없는 것이다.

하루는 바깥이 떠들썩하기에 내다보았더니 평소에 밉보였던 집의 대문 앞에다가 변을 보았다는 것이다.

아줌마는 삿대질에 욕지거리가 늘어지고 할아버지는 어설

피 지팡이를 휘두르고… 참 웃을 수도 없는 광경이 벌어지고 있었다.

이렇게 온 동네를 돌아다니며 몽니를 부리던 할아버지가 한동안 안보이더니 마침내 돌아가시던 날, 동네 성당 영안실에 안치된 빈소에 봉투 하나와 손님 접대에 쓰시라고 야쿠르트 한 상자를 들고 문상을 갔더니 바로 앞에 우리 가게를 놔두고 몇 푼 싸다고 다른 회사 요구르트 한 상자를 이미 사다 놓았다.

사람 사는 게 다 그러려니, 그만 일로 티를 내다가는 세상살이가 너무 복잡해질라 – 슬그머니 그 위에다가 우리 제품을 올려놓고 인사를 마쳤다.

가난한 사람들이 많이 사는 동네라서 그런지 이 동네에는 헌 신문지 골판지 같은 파지를 주워다 파는 것으로 생계를 잇는 사람이 꽤 여럿이 있다.

늘 꽁초를 입에 물고 다니는 얼굴 검은 50대의 아줌마, 평소에는 멋들어지게 챙 넓은 패션 모자를 쓰고 립스틱 짙게 바르고 다니는 40대 후반의 아줌마도 파지를 줍는다.

그런 사람들 가운데 한사람 – 키도 작달막하고 체구도 왜소하며 다리는 새 다리처럼 가느다란데 전에는 얼굴도 창백하리만큼 하얗던 사람이 지금은 아마도 나빠진 간肝 때문이리라,

얼굴색이 거무스레 변해 버린 한 사람이 있다. 이 사람이 비슷한 또래로 보이는 할머니 한사람과 같이 파지를 줍는데 처음 이 사람들을 봤을 때 나는 그들이 부부인 줄로 알았었다.

나중에 알고 보니 그들은 모자간이었다!

사연인 즉 알코올 중독자인 남편이 싫어서 아내는 일찌감치 집을 나갔고 딸 하나를 두었는데 그래도 어려서는 할머니가 키웠지만 고등학교랍시고 다니다가는 그마저도 가출해 버렸다는 것이다.

그래도 이 사람은 나만 보면 웃으며 인사를 건넨다.

"어디를 가셔요?"

나는 처음에 정말 어디를 가느냐고 묻는 줄 알고

"아, 저기 은행엘 좀 가려구요."

성실히 답을 해 주었는데 나중에야 그것이 그냥 이 사람의 인사말이란 걸 깨달았다.

이 친구와 늘 어울리는 술친구가 하나 있었는데 종종 길옆에 둘이서 쪼그리고 앉아 주워 온 골판지 위에다 안주랍시고 새우깡 나부랭이를 놓고 소주를 마시는 걸 쉽게 볼 수 있었다.

그 친구란 사람도 술 중독으로 얼굴은 완전히 검어졌고 깎지 않은 수염은 누렇게 색깔이 바래서 코밑에 붙어 있는데 동네 사람 말로는 여름 내내 양말도 벗질 않아서 양말이 발바닥에 눌어붙어 버렸다는 얘기도 있었다.

그러더니 벌써 몇 달째 얼굴이 안 보이는 걸로 보아서는 이미 이 세상 사람이 아닌 듯하다.

모자간에 파지를 줍는 이 사람이 언젠가는 어떤 연유인지 누구와 시비가 붙었는데 그 보잘 것 없는 체구로 말리는 사람을 제쳐가며 얼굴이 울그락붉그락 자못 기세가 등등하다.

나중에 아들의 싸움 현장에 도착한 어머니는 말없이 아들의 등짝을 후려치며 손을 이끌고 데려가는데 도무지 얼굴엔 표정이 없다.

그 표정 없는 얼굴이 더 슬퍼 보인다. 이 어머니는 이미 슬퍼할 심정도 속상할 창자도 다 없애 버린 채 체념 속에서 살아가는 것이 분명하다.

그래도 이사람 표정은 사는 게 재미있다는 듯 웃고 있을 때가 더 많다. 오늘도 길에서 마주친 이 사람이 웃으며 인사를 건넨다.

"어딜 가셔요?"

"아, 조오기요."

노랑제비꽃

이 꽃을 유심히 들여다보고 있노라면 살아간다는 것 자체가 하나의 커다란 환희이며 경이로움이라고 느껴지게 된다.

기나긴 겨울을 춥고 어두운 땅 속에서 잔뜩 웅크리고 있다가 이른 봄에 한 움큼 봄볕을 반기어 이렇게 생명으로 태어났다.

이 꽃을 가만히 들여다보고 있노라면 문득, 험한 시절에 곱사등이로 태어나 짧은 생애를 살면서도 배를 곯다가 죽은 외사촌 누이가 생각난다.

작은 몸뚱이를 가진 그 아이는 사소한 일에도 "나를 얕잡아 보지 마!" 하면서 앙칼지게 대들다가도 제 마음에 흡족할 때에는 곧잘 이렇게 샛노란 웃음을 입가에 띠우곤 했었다.

그 웃음이 또한 이 꽃처럼 그렇게 애처로웠다.

도대체 꽃이란 사람으로 치자면 한창 나이의 아리따운 처녀가 아닌가?

처녀라고 다 예쁘고 아름다우라는 법은 없겠지만 그래도 한창때 그 나이에는 한껏 물이 올라서 탐스럽다거나 귀엽다든가 뽀얗다든가 하다못해 씩씩해 보인다든가 하는 등의 표현이 어울릴 터인데 이 꽃은 그게 아니다.

이 녀석에게는 많이 미안스러운 말이지만 이놈의 존재를 몰랐을 적에 나는 누가 노란 껌 종이를 잘게 찢어 버린 줄 알았을 정도였다.

웬만큼이라도 크기가 있어야 사람들 눈에 띄어 밟히지나 않지, 무심히 지나치다가는 발에 밟히기 일쑤이다.

그렇게 잘디 잔 옥수수 알갱이 크기의 꽃 이파리 다섯 개가 제 딴에는 아주 가지런히 질서를 갖추어 꽃술을 중심으로 앙증맞게 붙어 있다.

생김새가 이렇듯 초라하면 향기라도 그럴 듯해야 하련만 워낙 땅 바닥에 착 달라붙어 피어 있으니 냄새를 맡으려 해도 그것이 흙냄새인지 풀냄새인지 구별이 안 되는 걸로 미루어 향기가 있더라도 별것 아님이 분명하다.

그도 저도 아닐 바에야 시절이나 잘 골라서 태어나야 온갖 벌 나비 떼가 잉잉거리고 나풀거릴 때 눈 먼 난봉꾼 하나라도 홀려 볼 터인데 같은 또래의 진달래는 겨우 꽃망울이 몽실해질 즈음에, 아침저녁 추위가 아직 오스스 뼛속으로 파고드는 무렵에, 벌 나비는 이 추위에 눈멀어 날기도 전에 다만 한낮의 한줌 따뜻한 봄볕만 믿고 노란 꽃잎을 활짝 열어 젖힌다.

그래도 오기는 대단해서 산 아래 번잡스러운 동네는 굳이 마다하고 웬만한 산의 중턱은 올라서서야 그것도 양지 바른 곳에서만 골라서 자리를 잡는다.

아무리 가냘프고 초라할망정 꽃잎을 여는 뜻은 벌 나비를 유혹하여 새로운 생명을 잉태하려 함에 있거늘 저 나름대로 교태를 한껏 부려본다 한들 오고 가는 손님이 있어야 찾아들 것이 아닌가?

오가는 사람 없는 신 새벽에 술집 문을 열어 놓고 손님 기다리는 격이니 도대체 나는 이 녀석이 기다리는 객이 누구인지 알 수가 없다.

아마도 이 녀석이 기다리는 손님은 벌도 나비도 또는 그 어떤 잡스러운 벌레 따위가 아닌, 아침 해가 산봉우리에 얼굴을 내밀 때 꽃술을 살랑 건드리며 지나가는 봄바람이 아닌가 한다.

그도 아니면 아침 햇살이 온 누리를 비출 무렵에 가장 반짝이는 빛을 떨어뜨리는 아침 이슬인지도 모르겠다.

아침 이슬이라면 그 잔잔한 미소가 이 녀석과 가장 잘 어울리는 친구가 될 수 있겠으니 말이다.

바람이나 이슬을 부를 뜻이라면 구태여 요염한 자태의 웃음도 뭇 벌레들의 더듬이를 유혹할 향내도 필요 없겠다.

그러기에 이 녀석의 이름만 해도 그렇다. 꽃이라면 으레 아가씨나 아씨, 아니면 며느리나 각시 따위 또는 좀 험하더라도 할미 같은 여성형 형용사가 어울릴 터인데 이 녀석의 이름은 노랑 아씨나 아줌마가 아니라 남성형에 가까운 노랑제비이다.

흥부에게 보은하는 의리의 이름값을 하느라고 지조는 곧고 곧아 노란 빛깔 하나로 제 뜻을 드러내고 기개 또한 드높아서 산 아래 동네 개나리 민들레 따위와는 어울리지 않고 낙락장송 아래 햇볕 바른 곳을 골라 자리를 잡으며 절개도 남다르니 잡스러운 벌레가 나오기 전 아주 이른 봄에만 피어난다.

해마다 이맘때에 산허리에서 만나는 이 녀석의 노란 웃음을 기다리는 것은 내가 가장 즐기는 봄맞이 행사의 하나이다.

올해에는 4월 17일 도봉산 중턱에서 이 꽃을 처음 맞이하였는데 피기야 한 열흘 전부터 피었었겠지만 내가 늦게 찾아 반긴 것이다.

옆 자리의 진달래는 이제 겨우 꽃망울이 볼록 수줍게 붉은 빛을 띠어간다.

겨울이 길더니 아무래도 이 꽃들도 늦게 피고 봄이 짧으니 개나리 진달래 그리고 노랑제비까지 순서 없이 한꺼번에 피는 것 같다.

늦게 핀 이 꽃무리에 재수 좋은 꼬마 벌 하나가 이 꽃 저 꽃을 옮아 다니며 호강에 겨워 춤을 추고 있구나!

자네 백수인 거 다 알아

나 자네 백수라는 거 한 눈에 알아 봤지.
듬성한 반백 머리 가르마 반듯이 타서 넘기고
명품 브랜드 점퍼에 줄 잘 세운 양복바지, 반짝이는 구두.
다 근사하게 차려 입었지만
그 단 한 벌 좋은 점퍼
늙을수록 잘 차려 입어야지
허름한 옷차림은 더 궁상스럽다고
마누라 큰 인심 써서 겨우 한 벌 장만해 준 것도 내 다 알아.

백수 주제에
이른 아침부터 웬 부산떨며 외출이냐고

구시렁거리는 마누라 잔소리 귓등으로 흘리면서
힘들게 허리 굽혀 정성껏 구두 약 칠 하고 광내서
끈 한 번 다시 고쳐 매고 나온 것도 내 다 안다구.

조금 늦은 출근 시간에 반쯤 붐비는 전철 칸에서
경로석엔 가기 싫고
허리, 다리 아프더라도 의젓하게 손잡이 잡고
눈 감은 채 하는 생각,
약속은 점심인데 지금부터 그 시간까지
무얼 하며 시간을 때우나?
잘 나가는 친구 하나가 모처럼 사겠다는 점심
무척이나 반가웠겠지?

백수로 보이는 게 싫어서
평일엔 하루 종일 리모컨만 만지작거리더라도
달력에 빨간 날만 골라서
배낭 하나 걸쳐 메고 산이라고 올라갔다가
경치보다는 사람 구경 더 열심히 하고 내려오는
자네 심정도 내 다 잘 알지.

자네 나이 쯤 된 사람이
자네 같은 옷차림으로
이쯤 되는 시간에
전철 타고 두리번거리는 사람이
백수 밖에 더 있는가?
잘 나가는 친구라면 운전사 둔 차를 타거나
못 되도 중형차 하나는 손수 운전해 출근하겠지.
그러나 뭐 그렇게 어색할 것도 풀 죽을 것도 없지.
우리 나이 열 중 여덟은 백수 아닌가?

잘 나가던 때 자네도
"내 도장 하나에 숱한 놈 웃고 울었지."
"그 회사 그만큼 키운 거 나 아니면 어림없었지."
"그 공장 기계 설비 내가 다 맡아 한 거라구."
까지는 못 돼도 마누라 자식새끼 먹여 살리고
시집 장가보내서 제각기 살면 됐지.
남들이 뭐라던 자네가 기죽을 까닭은 도대체 없네.

이제 와서 마누라 자식 손자들

저희들끼리 시시덕거리다가도
자네만 다가서면 물 끼얹은 듯 조용해지고
슬그머니 제 방으로 숨어드는 것,
뭐, 대화가 안 된다나?
자네가 무슨 냉수 위에 겉 떠도는 한 떨기 기름방울이더냐?

기름이면 기름인대로 도도히 군림하라구.
기름도 한두 방울씩 모이면 대번에 큰 방울로 되는 거 알지?
그렇게 친구라도 찾으면서 어울려 즐겨 보라구.
뭐라도 할 만 한 거 있는지 이리 기웃 저리 기웃
자네 딴에 꽤나 애써 본 것도 내 다 알고 있지.
그렇지만 날 저문 자네가 할 일이 뭐 있던가?
선불리 장사랍시고 나섰다가는
알량한 밑천마저 날려 버릴라.
그냥 그렇게 쉬면서 즐기라구.

어차피 세상 뜰 때 수의 한 벌 입고 가는 걸
아무렴, 키운 공이 있는데 그거 한 벌 안 입혀 주겠나?
지금은 그냥 쉬면서 즐기면 되는 거야.

서로가 백수인 걸 다 아는 처지에

암! 그래야지, 그렇고말고.

혼자 마시는 술

혼자서 술을 마시는 것은 아주 오래 된 나의 습관이다.

그전에도 가끔 혼자 술을 먹은 적이야 있었겠지만 아주 습관이 되어 버린 것은 기억하건대 내가 충남 안면도에서 목장장으로 근무할 당시였다.

업무 때문에라도 한 달에 한 번씩은 서울 본사에 출장을 오게 되었고 출장 덕분에 나는 며칠간이나마 가족들과 함께 지내다가 내려가게 되는 것이었다.

그 당시의 교통사정은 서울 용산에서 출발하는 버스를 두세 번씩이나 갈아타고 약 10시간이 걸려야 안면도에 도착하게 되는데 그러자니 도착시간은 아무리 빨라야 저녁 무렵인 6~7시가 되는 것이 보통이었다.

목장은 버스종점인 안면읍에서 또 30분은 택시를 타고 가야 하는데 하숙집에서 늦은 시간에 저녁 달라고 할 수 없으니 핑계 좋게 안면읍에서 10분 거리에 있는 방포 해수욕장의 횟집에 들려 술과 밥을 먹고 가게 되곤 하였다.

그때에는 교통도 불편하고 시설도 별로 좋지 않았으며 더욱 지금처럼 레저다, 관광이다 하는 것이 그리 흔치 않은 때였으므로 해수욕장이라야 고작 여름 한철 며칠간만 사람이 조금 붐비다가 철이 아닌 때에는 그야말로 넓고 넓은 바닷가에 건축허가도 받지 않은 오막살이 집 한 채를 얼기설기 지어 놓고 이따금씩 찾아드는 단골손님에게 회를 썰어 파는, 이름 하여 '물새집' 이 나의 단골이었다.

이 집 앞 평상에 떠억 자리 잡고 술잔을 기울이고 있노라면 멀리 수평선 아래로 서서히 해가 떨어지면서 하늘은 온통 낙조로 붉게 물들어 오는데 그 광경을 바라보면서 알딸딸하게 취해오는 기분은 참으로 별다른 흥취였다.

안면도에서 10년 가까이 지낸 후에도 줄곧 나는 논산, 양산 등 지방의 공장으로 옮겨 다니면서 내 생애 30~40대 거의 대부분을 가족을 서울에 둔 채, 일주일 또는 한 달에 한 번씩만 가족들과 만나면서 살았었다.

이런 것이 핑계가 될 수는 없겠지만 퇴근 후 일찍 집에 들어가 TV나 보고 있다가 일찍 자고 일찍 일어나는 착한 사람과는 거리가 먼 내가 그렇다고 번번이 가족 있는 직원들과 어울릴 수도 없는 일이니 혼자서라도 마음에 드는 집을 찾아다니며 술과 밥을 해결하는 것이 아예 습관처럼 되어 버렸다.

더욱 그 시절까지만 해도 나 술 먹는 걸 그렇게 싫어하던 마누라도 멀리 떨어져 있으니 누구 하나 거리낄 것도 없이 그야말로 자유인의 행복을 만끽하였던 것이다.

그렇다고 내가 술버릇이 나빠서 술을 먹고 행패를 부린다거나 허튼 수작을 한다거나 하는 일은 거의 없다.

얼굴색이 변하지도 않는다.

그냥 속으로 기분만 좋아지는 것이다.

적량을 마시고 집에 들어가면 마누라도 술을 마셨는지 안 마셨는지 냄새를 맡아 봐야 알 정도다.

곁들여 한 가지를 더 얘기하자면 마누라는 냄새를 맡으면 내가 그날 무슨 술을 마셨으며 안주는 어떤 것을 먹었는지도 정확히 알아내는 기막힌 재주를 가졌다.

그러니 내가 아무리 술을 마셔 봤자 마누라 콧구멍 속에서 노는 셈이다.

나는 술을 마시면서 몇 가지 나름대로 원칙이 있다.

이른바 나 나름대로의 주도酒道인 셈인데 첫째로, 술을 마실 때 반드시 안주는 동물성 단백질과 같이 먹어야 한다.

부득이한 경우 그것이 두부나 정녕 궁할 경우 멸치 밖에 안 되더라도 단백질 안주는 필수다. 그렇지 못하면 아무리 술이 좋아도 찌개국물이나 떠먹는 안주 따위로는 사양이다.

이를 '주효필반酒肴必伴의 원칙' 이라 이름 한다.

둘째로 술과 안주를 먹어도 반드시 밥은 챙겨 먹는다.

설사 술 마시는 자리에 밥이 없더라도 술자리가 끝난 후에 다른 집에서 냉면이라도 먹어야 직성이 풀린다.

나는 또 일단 밥을 먹은 다음에는 술을 안 마신다. 아니 못 마신다.

배도 더부룩할 뿐 아니라 억지로 마신다 해도 뒤탈이 있기 마련이다.

이것을 일러 '선주후반先酒後飯의 원칙' 이라 한다.

나의 술 적량適量은 소주 2홉들이 한 병 반이다.

그런데 이것이 요즘 들어 두병으로 늘었다.

소주의 알코올 도수가 25도에서 차츰 낮아지더니 20도로 된 탓이다.

혼자서 술을 마실 때에는 이 적량을 넘기는 적이 거의 없다.

안주도 술 양에 따라 정확히 일치시키는 것이 내 특기 중의 하나이다.

다만 숯불구이 고기를 먹을 때는 1인분은 아예 팔지를 않을 뿐 아니라 1인분으로는 모자를 경우가 많으므로 부득이 2인분을 시켜 먹는데 쇠고기는 딱 알맞은 양이지만 특히 삼겹살인 경우에는 4분의 1정도는 아깝지만 남길 수밖에 없다.

나라고 여럿이 웃고 떠들며 즐기는 술자리가 싫은 것은 아니다.

아니 오히려 분위기 좋은 그런 자리는 빠지지 않고 찾아다니는 편이지만 별로 각별한 사이도 아니면서 두 세 사람이 술자리에 섞여 어색한 대화에 신경 써 가면서 마시는 것보다는 혼자서 마시는 것이 훨씬 편하고 좋다.

내가 굳이 혼자서 술을 자주 마시는 것은 꼭 이렇게 상대방과 대화가 신경 쓰이는 것 때문 만은 아니다.

핑계 같지만 일터가 집에서 멀리 떨어져 있으니 차로 출퇴근할 수밖에 없고 대개 술자리는 직업에 관련 있는 사람들과 어우러지는 것이 보통인데 일터 근처에서 술을 먹다가는 차를 두고 마실 수밖에 없고 그러자니 그 불편이 매우 크다.

그래서 퇴근 후, 집 앞에다 차를 대어 놓은 다음 술집을 찾아 나서게 되는 것이다.

나는 한번 마음에 드는 집이라면 그 집 음식이 입에 물릴 때까지 몇 집만을 단골로 정해 놓고 오늘은 이 집, 내일은 저 집 하는 식으로 순회하며 다닌다.

아무리 술꾼이라도 매일 한집만을 가는 것은 아무래도 겸연쩍은 일이다.

요즈음은 집에서 가까운 곳에 싸고도 푸짐한 횟집이 생겨 자주 이용하고 시장 안 순댓국과 머리고기 파는 집, 또 아담한 보쌈집 등을 번갈아 다닌다.

전에는 삼겹살구이 집을 단골로 삼았었는데 입맛이 변한 건지 구운 고기보다는 삶은 고기가 기름기도 빠져서 담백하고 좋아졌다.

이런 단골집에 들어서면 여러 말 할 것 없이 으레 "잡숫던대로지요?" 하는 물음에 고개만 끄덕이면 다음부터는 자동 코스로 이어진다.

한 잔씩 한 잔씩 지부지처(지가 부어서 지가 처먹는) 하면서 규칙적인 시간 간격으로 마셔가자면 옆 상에 앉은 손님들의 대화를 굳이 엿들으려 하지 않아도 들려오게 마련이다.

싸우듯 얘기하는 사람, 들릴 듯 말 듯 속삭이며 말하는 사람, 일 얘기로 침을 튀기는 사람들… 남자 친구의 술잔에 수줍은 듯 두 손으로 술을 따르는 아가씨는 어여쁘기 그지없다.

그런 손님 중에서는 부부와 아이들이 함께 와서 저녁을 즐기며 술 한 잔씩을 나누는 것이 가장 부럽다.

대개의 경우 남편은 반병만이라도 더 하고 싶은데 아내가 말리는 바람에 져주듯이 한 병으로 줄이고 마는 대화를 듣자면 그 분위기가 한결 흐뭇하다.

집에서는 못 마시게 하더라도 마누라가 앞에 앉아 있어 주면 좋으련만 마누라는 아이들과 같이 외식할 때 외에는 술자리에 좀처럼 합석을 하지 않는다.

그래도 술 마신다 잔소리하지 않는 것이 참으로 다행이다.

아니, 근래에는 오히려 내가 하루라도 술을 안마시고 들어가면 "저 화상이 몸이 어디가 안 좋은가?" 하고 걱정하는 눈치이다.

나는 나이 들어가면서 꽤 열심히 운동을 하는 편이다.

일요일마다 거의 빠짐없이 산엘 오르고 평일에는 하루

2,500m씩 거르지 않고 수영을 하는 것을 벌써 십 년째 계속하고 있다.

오후에 한 시간 이상을 물속에서 허우적거리다가 물 밖으로 나오면 배는 폭 꺼지고 대단한 시장기를 느끼게 된다.

수영은 이래서 나에겐 술 먹기의 준비운동인 셈이다.

작년에는 콜레스테롤 측정을 해 본 결과 엄청나게 그 수치가 높다고 술과 고기를 끊지 않으면 큰일 날듯이 을러대는 바람에 눈물을 머금고 두 달을 술을 끊었었다.

그 후 다시 측정하였더니 의사도 그렇게 빨리 회복되는 것이 이상한지 고개를 갸웃할 만큼 완전정상으로 돌아왔단다.

한두 달 끊어 회복될 건강지표라면 뭐 그리 호들갑을 떨 필요도 없겠다.

이따금씩 들춰보는 한시漢詩 엮음에서 이백李白, 두보杜甫, 도연명陶淵明 같은 중국의 시성詩聖들의 명시들을 접하다보면 이태백 선생은 물론이려니와 가난했지만 깨끗이 살았던 두보, 신선과도 같았던 도연명 같은 분들도 술을 노래한 보석 같은 걸작들이 아주 많다.

내 어찌 이 거룩한 분들의 그림자 근처라도 얼씬거릴 수 있으랴만 속으로 느끼는 감흥이야 흉내 낼 수 없을까 보냐?

건강 관련 기사를 읽으면 나 같은 사람은 영락없는 알코올 중독자지만, 자부하건대 나는 술꾼일지언정 술주정뱅이는 아니고 습관성 알코올 섭취자일망정 알코올 중독환자는 아니다.

오늘도 수영을 끝내고 밖을 나오니 봄비가 부슬부슬 내리고 있다.

바야흐로 주요일酒曜日 술시로구나!

따뜻한 겨울

올해는 여름 내내 태풍 한 번 불지 않더니 11월이 다 지나갔어도 기온이 영하로 떨어지는 변변히 추운 날씨도 없었다.

예년 같으면 이맘 때쯤이면 으레 첫 눈 한 번 쯤은 내려야 겨울이 시작되는구나 하고 계절 감각을 느끼게 마련인데 어려워진 경제형편에 다행인지는 몰라도 아주 따뜻한 겨울을 맞고 있다.

지구 온난화 탓이라고 하지만 올해뿐만 아니라 근래에는 우리 어렸을 때 겪었던 추위와는 비교가 되지 않을 만큼 해마다 따뜻한 겨울을 나고 있다.

아무리 따뜻한 겨울이라도 겨울은 겨울인지라 아무래도 따뜻한 온돌이 그리워지는 계절임에는 변함이 없다.

어렸을 때 기억으로 추운 겨울 날 동네 도랑물 얼어붙은 데에서 썰매를 지치다가 빨갛게 손이 얼면 뛰어 들어와 이불을 깔아 놓은 아랫목에 시린 손을 집어넣고 녹이면 그렇게 아늑하고 편안할 수가 없었는데 요즘은 웬만한 동네라도 길가에 얼어붙은 도랑물도 없으려니와 동네 골목 안에서 뛰어놀 만한 아이들은 모두 학원에 틀어박혀있는지 골목 안이 시끌벅적하던 아이들 그림자도 없어진지 오래다.

더구나 온돌이라 해도 요즘에는 모두 보일러로 난방을 하니 아래 윗목이 따로 있을 리 없으며 있다고 해도 손이 시릴 정도로 아이들이 추운 데서 노는 일이 없으니 살기 좋은 세상임에는 틀림없으나 그래도 아이들이 정말 이렇게 자라는 것이 좋은 것일까 하는 생각이 들기도 한다.

아주 어렸을 시절, 그때에는 서울에서 살았어도 겨울 오기 전에 장작 한 마차를 사서 처마 밑에 가지런히 쟁여 놓으면 김장과 함께 겨울 날 준비가 끝났다고 어른들 말씀하시는 것을 들었으며 햇볕 좋은 날에는 장작더미에 하얀 햇빛이 내려 앉아 부서지는 것이 보기에도 따스하던 생각이 난다.

아궁이 앞에서 불쏘시개에 불을 붙여 이리저리 뒤척이며 불을 때고 불이 사위어 남은 숯은 놋쇠 화로에 담아 방안으로 가져와서 그 화롯가에 둘러 앉아 손을 쬐던 시간이 참 정겨웠었다.

그리고 보면 우리 살아오는 동안 겨울나기 난방법도 참 여러 가지로 변해 왔다.

장작의 시대가 가더니 연탄의 시대가 왔다.

연탄시대도 연탄아궁이에서 연탄보일러로 바뀌면서 우리네 가옥의 전형적인 구조였던 온돌의 구들장이 없어졌다.

식물성 연료에서 광물성 연료인 석탄으로 바뀔 무렵, 나는 제주도의 한 목장에서 근무를 하고 있었는데 그 목장의 목부牧夫 한 사람이 팔자가 사나운 건지 좋은 건지 마나님을 둘이나 거느리고 각 살림을 차리고 있었다.

그런데 하루는 큰 마누라와 작은 마누라가 싸움이 붙었다.

큰 마누라가 씨근거리며 작은 마누라에게 해대는 넋두리가 "어느 년은 팔자가 좋아서 편안히 앉아서 연탄 때며 호강하고 어떤 년은 팔자 더러워 검부러기 긁어 때느라 허리가 휘느냐?"

그때는 연탄만 땔 수 있어도 호강하는 축에 들었던 것이다.

나무를 연료로 쓰던 시절, 산림을 보호한다고 모든 산에 입산을 금지하였었는데 그 취지야 백번 옳다하더라도 연탄도 기름도 전기도 없던 그 시절에 나무조차 못 해 때게 하면 난방은 고사하고라도 날쌀을 먹을 수도 없으니 무슨 수로 밥을 해 먹으라는 건지 지금 생각하면 참 한심한 시절이었음이 틀림없다.

몇 년 전 백두산 관광을 갔을 때에 두만강 건너로 보이는 북한의 벌거벗은 민둥산을 보고 우리의 어려웠던 시절을 잠시 떠올렸던 생각이 난다.

그 시절 온돌을 놓을 수 없는 사무실이나 교실에서는 난로를 피웠는데 교실 난로에 도시락을 올려놓고 덥혀 먹던 추억은 누구나 가지고 있으리라.

언제 어디를 가느라 그랬었는지 기억은 없지만 어느 시골 아주 작은 기차역의 대합실에 놓여 있던 난로를 벌겋게 달구며 타던 톱밥의 훈기가 참으로 아늑했었다는 기억은 아직도 생생히 남아있다.

내가 신혼살림을 차렸을 때에는 연탄아궁이에서 보일러로 바뀌던 시절이었는데 가스냄새를 피해가면서 시간 맞춰 연탄 갈아 넣는 일이 여간 귀찮은 일이 아니어서 남편으로서 최대 서비스가 연탄을 갈아주는 것과 연탄재 내다 버리는 일이었다.

연탄보일러가 기름보일러로 바뀌더니 요즈음 웬만한 도시에서는 거의 모두 도시가스보일러로 바뀌었고 더구나 대부분의 인구가 아파트에서 사는 지금, 난방에 대하여 신경 쓸 일이 거의 없어졌다.

그저 추우면 단추 한 번 누르면 바로 따뜻해지고 더우면 다이얼 돌려서 온도를 내리면 그만이다.

아무리 추운 한 겨울이라도 집안에서는 반소매 차림이 예사이니 참 좋은 세상에 살고 있음이 분명하지만 그래도 아궁이 앞에 앉아 오순도순 이야기하며 불 때던 시절은 너무 멀어서 기억이 희미하다 해도 따뜻한 아랫목 이불 속에 같이 발을 들여 넣고 사과라도 깎아 나누어 먹던 겨울이 마음은 훨씬 따뜻했던 것 같다.

지금은 도회지에서 거의 사라져 버린 굴뚝, 그 굴뚝에서 모락모락 피어오르던 연기가 그리워지는 따뜻한 겨울이다.

여름

여름은 두 살 터울인 나와 마누라의 생일이 닷새 간격으로 겹쳐 있는 계절이다.

양띠인 나는 억세게 쉰 풀이나마 배불리 먹을 수 있어 다행이지만 더위에 약한 닭띠 마누라는 더위 먹고 고생하느라 그런지 자주 아프다고 하는 계절이다.

해 놓은 보리밥이 쉬이 쉬는 계절이며 아침에 해 놓은 보리밥이 쉬지 않게 소쿠리에 담아 바람 잘 드는 시렁 위에 보자기를 덮어 두었다가 점심에 찬 우물물에 말아서 풋고추와 오이지에 고추장 찍어 먹던 계절이다.

요새는 집집마다 보온밥통이 있어서 밥이 쉴 염려는 없지만 보온밥통에서 오래 두어 누렇게 색이 변한 쌀밥보다 시렁 위의 찬 보리밥이 더 그립다.

하루 종일 바깥일을 하는 야쿠르트 아줌마들의 이마에 구슬땀이 솟는 계절이며 화장한 얼굴에서 파운데이션 국물이 녹아내릴까봐 화장도 엷게 해야만 하는 계절이다. 애달픈 일이다.

여름은 예쁜 아가씨들이 날씬한 다리와 하얀 팔뚝을 드러내놓고 자랑하는 계절이며 그런 팔뚝이나 종아리에 어쩌다 군데군데 물린 빨간 모기자국이 유난히 선명하게 눈에 뜨인다. 이 또한 애달프다 아니할 수 없다.

여름은 능구렁이 같이 엉큼한 총각 놈들이 바닷가로 아가씨들을 꼬셔낼 궁리에 바쁜 계절이며 꼬셔온 아가씨 앞에서 떡 벌어진 어깨며 복부에 튀어나온 왕王자 근육을 자랑하는 것이 어색하지 않은 계절이다.

그래서 눈이 맞은 청춘 남녀가 배까지 맞춤으로 인하여 열달 후에 미혼모를 예약하는 계절이기도 하다.

그런데 "처녀가 애를 배도 핑계가 있다"고 하던 말은 옛말이고 이 시대에는 불룩한 배가 오히려 자랑스럽고 그런 처녀를 제일 좋은 혼수 감을 장만해 온다고 기꺼이 며느리로 맞이한다.

여름은 땀의 계절이며 습기가 많은 계절이다.

비누가 눅눅한 습기를 머금고 잘 뭉그러지는 계절이며 땀에 젖은 옷가지를 빨아대느라 세탁기 쓸 일이 가장 많은 계절이다.

내가 어렸을 적에 빨래 함지박을 머리에 인 할머니를 따라 정릉 골짜기로 가면 할머니 빨래하시는 동안 하던 물장난이 가장 재미있는 물놀이였는데 머리통이 커진 다음에도 할머니를 따라 나섰다가 빨래터 아줌마들에게 놀림을 당하고 무안했던 기억이 아직도 가시지 않는다.

여름은 또 매미, 쓰르라미의 계절인데 아직 철이 덜 되어서인지, 도시 밖으로 나가보지를 않아서인지 아직 그 시원한 소리를 들어보지 못했고 밤이면 유난히 기승을 부리던 개구리의 합창소리는 이제는 돈 주고 입장권을 사서 들으려도 들을 수가 없다.

'메뚜기도 한철' 이라던 때가 얼마 안 된 성 싶은데 요즘 초등학교에서는 야외 관찰에 나선 아이들에게 "저게 바로 메뚜기"라고 가르친다지?

여름은 참외, 오이, 수박 같은 과일이 가장 흔한 계절이며 참외 밭 귀퉁이에 엮어 놓은 원두막이 추억을 자아내는 철이지만 그런 원두막을 이제는 찾아볼 수 없다.

호박꽃이 아름답고 데친 호박잎에다 보리밥을 얹어 된장을 발라먹기가 제격이며 오이와 가지 냉국이 입맛을 돋우는 계절이다.

여름은 또한 태풍이 오히려 기다려지는 계절이다.

더위에 몸과 마음이 지쳐갈 무렵, 한두 차례 세차게 태풍이 휩쓸고 지나가면 비로소 아침저녁으로 서늘한 바람이 느껴진다.

"아! 시원하다" 느끼는 순간 가을이 허파로 들어온다.

내 생애에 이런 여름을 앞으로 열댓 번이나 지내볼까?

참으로 인생이 길고도 짧은 것일세그려.

꽃보다 잎, 잎보다 열매, 그리고 나무

마당을 쓸다보니 감꽃이 꽤 많이 떨어져 있다.

새끼손가락 한 마디쯤 크기의 감꽃은 볼품도 없으려니와 언제 피었다 언제 떨어지는지 알 수도 없으리만큼 잘 눈에 뜨이지도 않는다.

콩알만 하게 생기다만 새끼 감도 꼭지에 싸여 벌써 여기저기 떨어져 흩어져 있다.

이렇게 5월이 가고 6월이 오면서 바야흐로 녹음의 계절이 시작된다.

봄이 꽃의 계절이라 하면 여름은 잎의 계절이다.

꽃은 봄이 시작되면서 며칠 동안 화려하게 피어났다가 지고 그 후 바로 잎사귀가 돋아나 푸르러진다.

잎은 신록의 봄부터 녹음의 여름을 지나 낙엽이 되어 떨어지는 가을까지 세 계절을 지나는 동안 우리의 눈을 즐겁게 해준다.

그래서 집 울안에 심는 나무는 꽃이 좋은 나무보다는 잎이 보기 좋은 나무를 골라 심는 것이란다.

좁다란 집 마당에 전에 살던 주인이 주목 한 그루, 목련 두 그루, 개나리 한포기, 그리고 사철나무를 심어 놓았는데 이사올 당시는 올망졸망하게 알맞은 크기였지만 이 집에서 30년을 넘게 살다보니 나무들이 지붕의 용마루를 넘게 크는 바람에 집안이 온통 어두컴컴해졌다.

가장 먼저 베임을 당한 나무는 담벼락에 막혀 나무 모양새가 비뚤어진 주목이었다.

살아서 천년, 죽어서 천년이란 말이 있듯이 과연, 마땅히 버릴 곳도 없어 굵은 나무 등걸은 담 밑에 두었더니 몇 년이 지나도록 썩지도 않고 껍질만 벗겨진 채로 나뒹굴고 있다.

또 가장 세력이 좋은 나무는 목련인데 이놈은 어찌나 빨리 자라는지 1년에도 몇 번을 가지치기를 해도 무성한 나뭇가지를 다듬어 가기가 쉽지 않다.

두 그루 중 하나는 아예 없애버릴 요량으로 나무 몸통을 배

꼽 높이로 잘라 버렸는데 자른 옆구리에서 줄기가 돋아나더니 다시 지붕 높이로 자라버렸다.

목련 꽃은 우아하고 아름답다.

그러나 그것은 꽃봉오리가 피어오르는 며칠뿐, 꽃이 활짝 핀 다음에는 바로 칙칙하게 진한 갈색으로 물이 들면서 떨어지는 것이 여간 흉하지 않다.

목련이 아름다움은 넓고 무성한 잎이 시원한 그늘을 드리울 때가 한창이 아닌가 한다.

그렇더라도 목련은 너무 왕성한 수세樹勢 때문에 웬만큼 큰 마당이 아니면 심을 것이 못될 것 같다.

개나리는 이른 봄에 활짝 피어나는 꽃으로 집안이 오통 노란 빛으로 물든 것 같이 환해지는데 그 한 때일 뿐 꽃이 지고 잎이 돋아날 무렵이면 얼키설키 제 멋대로 자란 줄기는 참으로 볼품이 없다.

오죽하면 시건방진 나리도 못 되고 개나리가 되었을꼬?

사철나무는 꽃도 눈길을 끌지 못하고 줄기도 여러 갈래로 갈라져서 별로 뽐낼 것 없는 나무지만 우선 크기가 담장을 겨우 넘길 정도만 자라니 사람 손이 별로 가지 않아서 그런대로 좋다.

내가 이 집에 이사 와서 심은 다만 한 그루 감나무는 앞서 얘기한대로 꽃은 눈에 띄지도 않을 정도로 초라하지만 너무 퍼지는 가지를 다스리느라 많이 잘라 냈음에도 잎이 나오면서는 제법 시원한 그늘을 만들어 줄 뿐 아니라 가을에 빨갛게 익은 감이 매달리면 그 정겨운 풍경이 사람의 마음을 흐뭇하게 한다.

잎이 다 떨어진 다음, 초겨울에 들어서서도 앙상한 나뭇가지에 열매만 빨갛게 올망졸망 달린 모습은 얼마나 풍요롭고 평화스러운 우리네 정경인가?

수수깡 울타리가 둘러쳐진 시골집 뒷마당, 거기 잎을 다 떨어내고 가지만 남은 나무 꼭대기에 너덧 개 달린 감이 겨울 햇살에 반짝이던 광경은 우리 나이의 사람들에게는 언제나 그리운 고향 풍경이리라.

같은 과일나무라 해도 과수원에 심겨진 나무는 재배 목적에 따라 전지剪枝를 심하게 하고 수형樹形을 가꾸어 놓아서 높이 자라지도 못한 채, 꼬불꼬불 뒤틀려 옆으로만 퍼진 가지를 버팀목에 겨우 의지하여 앙상하게 서있는 나무들을 보노라면 왠지 처연한 느낌마저 들 때가 있다.

가냘픈 몸매에 꽃을 피우고 잎사귀를 펼치고 열매를 맺었건만 힘에 부치게 많이 매달린 과일들을 모두 키우고 익히느라 그들을 모두 떠나보낸 겨울의 과수나무는 다만 초라할 뿐이다.

봄, 여름, 가을, 겨울에 따라 나무마다 살아가는 모습이 이렇게 다르구나.

꽃이 아름다운나무가 있고 꽃보다 예쁜 잎이 우거지는 나무가 있으며 열매가 아름다운 나무가 있는가 하면 모든 것을 다 떠나보낸 겨울, 벌거벗은 채 서있는 나무 그자체가 아름다운 모습일 수도 있다.

인생의 꽃 시절인 청춘을 나는 어찌 보냈으며 잎이 무성하던 중장년도 다 보내고 자식들도 이제 다 제 갈 길을 독립하여 살고 있으니 열매도 다 익어 떨어져 나간 셈이다.

나무로 치면 겨울의 문턱에 들어선 지금 나의 모습은 과연 어떨까?

백설이 휘날리는 겨울 산비탈에 의연히 서있는 나락장송이고도 싶지만 살아 온 날들이 그만하지 못했으니 아예 바랄 바는 못 되고 그저 포근한 시골집 뒤뜰의 감나무라도 됐으면 더 바랄 것이 없겠다.

경청傾聽과 목계木鷄

'경청傾聽과 목계木鷄'. 며칠 전 읽은 한기사의 제목으로서 삼성그룹의 창업자 이병철 회장이 아들이면서 후계자인 이건희 회장에게 기업을 대물림하는 과정에서 마음의 지표로 삼으라고 준 휘호揮毫이며 상징물이었다고 한다.

나는 삼성그룹이나 이병철 회장 또는 이건희 회장에 대하여 보통사람들이 아는 것 이상은 별로 알지 못한다.

다만, 보통사람들보다 조금이나마 특별한 인연이라면 이건희 회장은 나의 고등학교 1년 선배이며 그래서 이병철 회장은 그 당시 학교의 사친회장으로서 등사謄寫된 사친회비 고지서에서 그의 이름을 읽은 것 정도이다.

이건희 회장은 고교시절 학교대표 레슬링 선수로서 부리부

리한 눈에 우락부락한 모습을 떠올릴 수 있으나 공부는 별로 잘 한 것 같지 않았다고 기억될 정도이다.

그 당시 이미 한국 제일의 재벌이었던 아버지를 잘 만난 덕분에 한국 제일의 기업군을 물려 받아 그런대로 무난히 지켜 나가고 있구나 하는 것 외에 특별한 관심이나 인연이 없이 지내왔다.

그러나 이 '경청과 목계' 라는 짧은 기사를 읽고서는 "아! 그랬었구나" 하는 탄복을 금할 수 없었다.

이건희 회장이 아버지로부터 기업을 물려받은 뒤 14년간 삼성의 매출규모는 14배 증가하였으며 2005년 매출이 140조 원으로서 이는 국가별 매출 순위로 따지더라도 세계 35위로 싱가포르를 능가하는 수준이라고 한다.

수많은 대기업들이 부침을 거듭하는 파란 많은 기업 풍토에서 이만한 성장을 지속한다는 것은 아무나 할 수 있는 일이 아니다.

"부자 3대 못 간다"든가 "수성守成이 성가成家보다 어렵다"는 말도 있다.

먼저 '경청傾聽' 이란 휘호이다. 글자 그대로 귀를 기울여 잘 듣는다는 것이다. 뭐 어려울 것 같지도 않지만 이것이 아무나 할 수 있는 것이 아니다. 웬만한 사람들이 모여서 그저 그렇고 그런 회의를 하는 데서도 남의 말을 경청하기보다는 내 말만 앞세우는 경우를 나는 너무나 많이 보아 왔다. 더구나 대규모 기업군의 총수라면 이미 오만가지의 정보와 지식이 싫든 좋든 머릿속에 입력이 되어 있을 터이고 나름대로의 판단을 지니고 있는 상태에서 제 의견을 말하지 않고 남의 말에 귀를 기울여 듣는다는 것은 예사 사람이 할 수 있는 일이 아니다. 상대의 말을 경청한다는 것은 따라서 상대를 그만큼 인정하고 믿는다는 뜻도 된다. 이건희 회장은 아버지의 이 교훈을 잘 지켜 상대의 말을 귀를 기울여 잘 듣는 것으로 정평이 있다고 한다. 성공할 수 있는 바탕이 되어 있다는 것이다.

아들의 인물됨을 파악하여 휘호를 준 아버지나 그 뜻을 한결같이 저버리지 않는 아들이나 한가지로 범상의 경지를 벗어나 있다.

다음 목계木鷄라는 상징물이다. 나무로 깎아 만든 닭이다.
장자莊子 달생達生편에 이런 얘기가 나온다.

– 기성자는 왕을 위해 싸움닭을 훈련시키는 사람이었다.

그는 훌륭한 닭 한 마리를 골라 훈련을 시켰다. 열흘이 지나자 왕은 닭이 싸움할 준비가 되었는가를 물었다. 조련사는 대답했다.

“아직 안 됐습니다. 아직 불같은 기운이 넘치고 어떤 닭과도 싸울 자세입니다. 공연히 뽐내기만 하고 자신의 기운을 너무 믿고 있습니다.”

다시 열흘이 지나 왕이 또 묻자 그는 대답했다.

“아직 안 됐습니다. 아직도 다른 닭의 울음소리가 들리면 불끈 성을 냅니다.”

또다시 열흘이 지났으나 왕의 물음에 여전히 그는 대답했다.

“아직 멀었습니다. 아직도 상대를 보기만하면 노려보고 깃털을 곤두세웁니다.”

또다시 열흘이 지나서 왕이 묻자 기성자는 마침내 대답했다.

“이제 거의 준비가 되었습니다. 다른 닭이 울어도 움직이는 빛이 안 보이고, 먼데서 바라보면 마치 나무로 조각한 닭과도 같습니다. 이제 성숙한 싸움닭이 되었습니다. 어떤 닭도 감히 덤비지 못할 것이며 아마 바라보기만 해도 도망칠 것입니다.”

– 류시화 옮김.

이병철 회장이나 삼성에 대하여 내가 아는 바는 매스컴에 보도되는 것 이상이 되지 못한다. 그는 한때 국가의 기간산업은 외면한 채 밀가루, 설탕, 조미료 또는 직물 따위의 소비재만 만들어 팔아서 돈을 벌어들인다고 비난을 받았으며 그 당시 유행하던 저속한 주간지에서는 '돈철' 이라는 별명으로 조롱의 대상이 되기도 하였다. 그러나 그는 아랑곳하지 않았다. 그는 이미 목계가 되어 있었다.

그러던 그가 전자 반도체 사업을 시작할 당시 한국과 일본의 기술 격차는 공고생工高生과 공학박사 정도의 차이였다고 한다.

가령, 나는 그 뜻이나 용도를 잘 모르지만 일본기업에서는 이미 18메가D램을 개발해 놓은 상태에서 생산원가 1~2 달러 정도의 9메가D램 반도체를 독점 생산하여 10 달러 이상에 수출한다. 그때 후발업체가 9메가를 개발, 생산한다는 소식을 들으면 9메가짜리는 0.5 달러 정도로 처분해 버리고 18메가짜리를 출시시킨다는 것이었다. 후발업체는 당연히 막대한 개발비와 생산시설비를 날리고 손을 들게 되는 것이다. 뱁새가 황새 쫓아가다가 가랑이 찢어지는 꼴이었다. 예사 싸움닭이라면 감히 넘보지 못할 싸움판인 것이다.

그러나 이병철 회장은 그 싸움판에 들어가 조용히 섰다. 그리고 온갖 절망적인 예상과 비아냥을 무릅쓰고 나무로 만든 목계답게 그 당시 판을 주름잡던 싸움닭들을 하나씩 뒤로 제쳐 나아갔다.

자원도 없이 메마르고 비좁은 땅덩어리에서 세계 최고의 교육열을 가진 사람들의 머리와 현존 인류 중 가장 발달한 손 근육을 가진 우리나라 여성들 – 양궁, 탁구, 사격 등 손을 주로 쓰는 스포츠에서 그들의 능력은 인정 되었다 – 의 섬세한 손재주를 바탕으로 하는 미래 첨단 산업에서 충분히 승산이 있음을 그는 일찌감치 알아차린 것이었다. 이제 세계시장에서 삼성전자는 명실 공히 군계일학群鷄一鶴으로 우뚝 서있다.

요사이 이건희 회장의 편법상속 문제가 매스컴에 이따금씩 오르내린다. 그가 오랫동안 외국에 나가 있다가 귀국하는 공항에서 기자들이 법석을 떨며 질문을 퍼붓는데 그의 대답은 딱 한마디였다.

"다 순리대로 되겠지요."

이런 경우 보통의 싸움닭이라면 "나는 전혀 모르는 일인데 밑에서 뭔가 실수가 있었던 것 같다" "사실이 와전되었다"는 식의 답변이거나 조금 나은 싸움닭이라도 "하늘을 우러러 한

점 부끄러울 것이 없다" "누군가 우리를 음해하려는 것이다" 라고 깃털을 곤두세울 것이다.

그러나 이미 오래 전에 목계가 되어 있는 그에게는 그 한마디로 충분했던 것이다.

또 다시 장자에 이런 말이 있다.

"북쪽 바다에 붕鵬이라는 새가 사는데 이 새가 한번 솟구쳐 오르면 물결치는 것이 삼천리가 되며, 회오리바람을 치며 올라가는 것이 9만 리가 된다. 이새는 9만 리를 올라가야 그 아래 있는 바람을 타고 푸른 하늘을 등지며 거침없이 남쪽 바다를 향하여 날아간다.

그런데 매미와 비둘기가 비웃으며 말했다. '우리들은 힘을 내어 날면 느릅나무 꼭대기에나 도달하거나, 때로 그마저도 못 오를 때가 있다. 9만 리를 솟구쳐 남쪽으로 내려가 무엇을 한단 말인가?'

하루 소풍을 가는 사람은 도시락 하나를 준비하면 되지만, 백리를 가는 나그네는 하룻밤 걸려 곡식을 찧어야 하며 천리를 가는 나그네는 석 달 동안 양식을 준비해야 한다. 저 두 벌레들이 무엇을 알겠느냐?"

물이 깊고 넓지 않으면 큰 배를 띄울 수 없다. 좁은 우리 안에서는 큰 새가 날지 못한다. 기업하는 사람이면 기업을 훌륭히 일으켜 국부國富를 늘리고 인재를 키워서 널리 쓰이게 하여야 한다.

삼성이라는 넓은 바다에서 또 삼성이라는 높은 하늘에서 한국의 큰 배이며 붕鵬이 되는 많은 인재들이 거침없이 항해하고 날아다녔으면 좋겠다. 그리고 우리나라에 그런 넓은 바다, 높은 하늘같은 기업들이 더 많이 생겨났으면 좋겠다.

호기심으로 들여다본 초고대 문명

호기심의 발단은 현생 인류인 호모 사피엔스가 처음 지구상에 나타난 것이 대략 25만 년 전이라고 하는데 비하여 인류 문명이 기록된 것은 길게 잡아야 5천 년 정도이고 문자가 아닌 암벽화나 인류 문명의 초기에 만들어진 비너스 여인상(다산多産을 기원하는 목적으로 만들어진 듯, 배와 유방 및 엉덩이가 특히 강조된 석제 여인 조각상)같은 것들도 기껏 만 년 정도가 지난 문명의 흔적이라고 하는 데 있다.

그렇다면 오늘을 사는 우리와 뇌腦의 용량이 같고 생김새도 같은 우리의 조상 인류가 20만 년을 넘는 장구한 세월동안 원시인의 상태로 돌도끼나 휘두르며 야생동물과 경쟁하면서 그야말로 동물적인 생태계의 일원으로서만 생존해 왔을까 하는 것이다.

문명이 싹튼 지 불과 5천년 - 그 중에서도 태반은 종교와 비효율적인 정치 · 사회 체제의 억눌림 속에서 정체停滯되었던 과학기술이 꽃 피우기 시작한 것은 불과 200~300년이 지나지 않았는데 그 사이에 인류는 달에 인간을 착륙시키고 셀 수도 없이 많은 인공별을 쏘아 올려 지구 궤도를 돌게 하였다.

뿐만 아니라 지구 자체의 원형 훼손이 우려될 만큼 거대 건축물이나 구조물을 만들었고 기후 생태계를 교란시킬 정도로 큰 변화를 가져오는 등, 각종 문명의 말기 현상까지도 우려되는 시점에 와 있는 것이다.

길게 잡아 만년 사이에 이런 문명을 이루어 낸 인류가 똑 같은 신체와 두뇌조건을 가지고 동물적인 상태에서 20만 년이나 변함없이 원시인으로 생존해 왔다는 것은 아무래도 믿기지 않는다는 점에서 우리가 알고 있는 문명의 이전에 또 다른 문명, 즉 초고대문명超古代文明이 구상에 존재했었으리라는 추론이 가능한 것이다.

또 그런 흔적이 세계 몇 대의 불가사의不可思議란 이름으로 지구 곳곳에 남아 있기도 한 것이다.

잘 알려진 것으로 이집트의 피라미드와 스핑크스, 남아메리카 대륙 고원에 그려진 거대한 새의 그림, 남태평양의 작은 이스터 섬 해안의 거대 석상들, 이라크에 남아있는 공중정원의 흔적 등 이루 다 셀 수도 없는 많은 유적들이 초고대문명의 단서가 아닐까하는 데에서 탐구가 시작된다.

아주 오래전에 읽어서 책의 제목도 기억이 나지 않지만 그 책에서 읽은 바로는 지구가 빙하기에 있을 때에, 바다의 수면이 지금보다 훨씬 낮았었고 그래서 태평양 가운데에 무우(Mu)란 대륙이 있었으며 여기에 살던 인류가 찬란한 문명을 꽃피웠는데 지금 남아있는 이스터 섬의 석상은 그때에 육지의 높은 곳에 세워졌던 것이 대륙이 침몰하여 섬이 되면서 현재의 상태로 된 것이라 한다.

태평양 상에 점점이 흩어져 있는 폴리네시안 군도는 무우 대륙의 일부였는데 실제로 남아메리카 대륙 쪽에 더 가까운 이스터 섬에서 발견된 십만 년 이상 된 인골의 DNA를 분석한 결과 폴리네시안 인종이었다고 한다.

또 대서양의 어딘가에는 아틀란티스 대륙이 있었고 고대 지중해 문명은 아틀란티스대륙의 문명에서 비롯되었다는 설說도 있다.

지금은 세계의 지붕으로 불리는 지구에서 가장 높은 히말라야 산맥은 인도대륙판과 유라시아대륙판이 충돌하면서 솟아 오른 결과인데 지금도 계속 천천히 서로를 밀어 올리고 있기 때문에 산의 높이는 계속 올라가고 있으며 이것들이 충돌하기 전에 지금의 티베트 고원은 바다 밑이었다고 한다.

그래서 지금도 티베트고원에서 조개껍질 같은 바다생물의 흔적이 발견되고 있으며 장구한 세월이 흐르는 동안 여러 인종이 이곳을 넘나들며 살아왔었는데 지금도 티베트의 오래된 사원의 비밀 지하 통로를 수천 미터 내려가면 노란 머리에 백인 골격을 가진 유해들이 묻혀 있다고 한다.

또 그 오래된 역사의 기록을 보통의 언어 문자로서는 일일이 다 기록해 놓을 수 없으므로 이런 사원에는 특별한 영적靈的인 수련을 거친 승려들이 읽을 수 있는 아카식 문자로 기록해 놓은 역사서가 있다고도 한다.(롭상 람파 지음 「나는 티베트의 라마승이었다」)

비교적 근년에 읽은 그레이엄 핸콕의 책 「신의 지문 - Fingerprints of God」에서는 더 구체적인 초고대 문명의 근원에 대한 흥미로운 주장이 있다.

지구를 비롯한 태양계의 운행에 따라 지구의 기후는 일정한 주기(아주 복잡한 천문학적, 수학적 계산에 의하여 이를 증명하는데 그 주기는 몇 만 년의 단위이다)로 변화하고 히말라야 산맥이 생성되는 것처럼 지각변동에 의하여 지구 각 부위의 기후가 변화가 반복되는데 한 때 남극 대륙은 기후가 온화하여 거기에 호모 사피엔스인지 우주인인지 모를 사람들이 아주 고도의 문명을 이룩했었단다.

그러나 기후가 변화함에 따라 남극 대륙이 두꺼운 얼음으로 뒤덮이고 이 문명을 이룩했던 사람(혹은 우주인), 즉 신神들이 남아메리카 대륙 쪽으로 상륙하여 북상하면서 만들어 놓은 문명이 잉카의 마추픽추 같은 유적이며 아프리카 대륙 쪽으로 상륙하여 이집트의 스핑크스나 피라미드 같은 유적을 만들어 냈다는 것이다.

그런데 최근 남극 대륙의 빙하 층을 구성하는 두께 약 1,500m의 얼음을 뚫어 시료로 채취하여 분석한 결과 남극 대륙의 빙하 층은 십만 년 이상에 걸쳐서 형성되었고 그동안 기온의 변화가 없었던 것으로 판명되어 핸콕의 가설이 대체로 부정되는 추세로 기울어지는 것 같다.

우리는 세계 4대 고대 문명의 발상지를 중국의 황하, 이집트의 나일강, 인도의 인더스강 그리고 메소포타미아의 티그리스, 유프라테스강 유역으로 배워왔다.

이들 문명 중에서도 가장 연대가 앞서는 문명이 BC 3,500년경에 발원한 메소포타미아의 수메르 문명으로 인류 최초의 문명 발생이라 할 수 있으며 이 문명이 이집트나 인더스 문명의 원류를 이루고 있다고 한다.

그런데 이 수메르 문명보다 훨씬 앞선 문명이 몇 십만 년 전에 같은 지역에 존재하였으니 그것은 태양계의 12번째 행성으로 공전궤도가 지구의 시간으로 3,600년이나 되는 마르둑(Marduk)이란 별에서 온 우주인(네피림)들이 건설한 문명이었다는 것이다.

이 네피림(불 뿜는 로켓을 탄 사람들이란 뜻)이라 불리는 우주인들이 그 당시 빙하로 덮여 있던 지구에서는 가장 따뜻하고 조건이 좋은 메소포타미아 지역에 내려와 도시를 건설하고 그때까지 네안데르탈인이나 크로마뇽인이었던 유인원類人猿에 자신들의 유전자를 섞은 일련의 유전자 조작을 통하여 호모사피엔스를 육종育種해내고 이들로 하여금 자신들을 신으로 섬기게 하였다. - 제카리아 시친(Zecharia Sitchin)이 「수메르, 혹은 신들의 고향」(이근영 옮김)이란 저술(일명 지구 연대기 - The Earth Chronicles)에서 근래에 중동의 동굴에서 발굴한 쐐기楔形문자를 해독하여 주장하는 내용이다.

그러나 인류가 신의 뜻을 따르지 않고 거스르는 행동을 하고 심지어 신의 아들들도 사람의 아름다운 딸들을 취하여 아내로 삼는 일까지 생기자 신들은 인류뿐만 아니라 지구상의 모든 생물들을 멸망시키기로 결정하고 지구상에 대홍수를 일으켜 멸종시키려 하였으나 신들의 이견으로 구약성서의 노아 같은 역할을 한 사람에게 맡김으로서 멸망을 면하게 되었다.

그러나 이러한 대홍수의 전설은 여러 민족의 신화에서 공통적으로 나타나는 내용으로 실제로는 지구의 기후 변동을 뜻하며 네피림들은 이때에 지구를 떠나갔다고 한다.

구약 성경도 이들 수메르의 설형문자로 기록된 내용이 원전으로서 이들 내용이 문화권에 따라 변형되어 전승되었다는 여러 가지 증거들을 모아 주장하고 있다.

정말 그런가하고 구약성서를 대조하여보니

"하나님의 아들들이 사람의 딸들의 아름다움을 보고 자기들의 좋아하는 모든 자로 아내를 삼는지라."(창세기 6장 2절)

"당시에 땅에 네피림이 있었고 그 후에도 하나님의 아들들이 사람의 딸들을 취하여 자식을 낳았으니 그들이 용사라 고대에 유명한 사람이었더라."(창세기 6장 4절)

초고대문명이란 것이 과연 있었는지, 있었다면 그것은 누구에 의하여 어떻게 형성되었는지 그것을 전문으로 연구하는 사람이 아닌 나로서야 알 길이 없고 또 알아보았자 생활에 무슨 영향을 가져옴직도 하지 않건만 그러나 책을 한 번 들면 그대로 폭 빠져드는 까닭을 나도 모르겠다.

잠아 어서 와라, 잠아 어서 와라, 내 아들에게로.
잠아 어서 내 아들에게로 와라.
와서 아이의 잠 못 드는 눈을 잠들게 해다오.

아픈 내 아들아.
내 마음도 아프구나. 무슨 말을 해야 할지 모르겠다.
나는 별을 본다.
새 달이 네 얼굴에 비친다.
네 그림자도 너를 위해 눈물을 흘리겠지.
이제 잠 속으로 가거라.

성장의 신이 네 지원자가 되기를.
하늘에 네 천사를 갖기를.

오랫동안 네가 행복하기를.

너를 믿는 아내를 갖기를.

미래를 짊어질 아들을 갖기를.

BC 2,000년에 설형문자로 씌어졌다는 아픈 아들을 위한 엄마의 자장가가 오늘을 사는 할아버지의 심금心琴을 울린다.

창세기 실험

"태초에 하나님이 천지를 창조하시니라. 땅이 혼돈하고 공허하여 흑암이 깊음 위에 있고 하나님의 신은 수면에 운행하시니라. 하나님이 가라사대 빛이 있으라 하매 빛이 있었고 그 빛이 하나님의 보시기에 좋았더라."

기독교 신자가 아니라도 한 번 쯤은 접해 보았음 직한 그 유명한 구약성서의 첫째 구절 즉, 하나님이 보시기에 좋은 설계대로 우주의 천지 만물을 창조하였다는 창세기의 시작 부분이다.

9월 11일자 각 신문에는 톱기사로 인간이 우주 탄생, 즉 '빅뱅' 실험을 시작한 내용을 소개하고 있다.

그 기술적인 내용이야 나 같은 문외한이 이해할 수 없다 하더라도 그 대충은 유럽입자물리연구소라는 기관에서 유럽의 스위스와 프랑스의 접경지역의 지하 100m에 길이가 무려 27km가 되는 '거대 강입자 가속기' 라는 장치를 만들어 놓고 실험을 시작한다고 한다.

이 장치는 137억 년 전 우주가 탄생한 빅뱅의 상황을 재현하기 위한 것으로서 그 내부는 섭씨 영하 271.1도로 우주공간과 거의 같으며 여기에 수소 원자에서 전자를 뺀 양성자를 양쪽 방향에서 투입하여 광속光速으로 충돌시키면 빅뱅의 상황이 재현 된다는 이론인데 실험의 최고 목표는 빅뱅 당시 다른 입자에 질량을 부여한 힉스 입자(higgs boson)를 찾아내는 것이라 한다.

최초의 질량을 부여한 입자라면 그것이 바로 우주 탄생의 시초가 되는 씨앗이 아닌가?

광막한 무無의 공간에 인간의 능력으로는 잴 수도 없는 단위의 입자가 충돌하여 우주 탄생 즉, 물질 탄생의 단초端初가 된다는 가설을 실험으로 입증한다는 것이니 바로 신의 영역으로 과학이 뚫고 들어가는 큰 의미를 지닌 실험이라 아니 할 수 없다.

물질을 쪼개고 또 쪼개서 더 이상 쪼갤 수 없는 기초단위가 원자라고 하는데 그 원자 중에도 가장 작은 질량을 가진 수소 원자에서 다시 전자를 뺀 양성자라는 것이 과연 물질인지 비물질인지 내 상식으로는 구분할 수 없는데 거기에 파장인지 물질인지 모르는 빛의 속도가 어우러져 최초의 물질이 생겨난단다.

"오, 사리푸트라여,
여기에서는 형상形象은 공空이며
공空은 형상形象이다.
공은 형상과 다르지 않고
형상은 공과 다름이 없나니,
무릇, 형상을 가진 모든 것은 공이며,
공한 것은 모두가 형상이니라."

(오쇼 라즈니쉬 강의/손민규 옮김)

불교 경전에서 가장 심오한 뜻을 담고 있다는 반야심경般若心經의 한 구절이다.

나의 천박한 지식으로서 본다면 경전 전체의 뜻은 우주의 실체를 깨닫고 생사고락生死苦樂 등 인간사의 경지를 넘어 지혜의 완성을 이룸으로써 열반涅槃에 이르는 길을 설하는 것으로 알고 있지만 2천년도 훨씬 전에 태어난 부처가 실험이 아닌 다만, 깊은 사유로서만 인식한 존재의 본질은 이와 같이 '색증시공色卽是空이며 공즉시색空卽是色' 이었다.

인류의 첨단 과학이 실험으로서 증명하려는 것이 바로 색증시공色卽是空이요, 공즉시색空卽是色임을 석가모니는 2천 몇 백년 전에 이미 설명하고 있는 것이다.

도교道教의 비조鼻祖라고 하나 그것이 종교가 될 수 있는지 가름 할 수 없는 노자老子가 지은 동양의 고전 도덕경道德經에 이런 구절이 있다.

有物混成 先天地生

섞여서 이루어진 한 물物이 천지에 앞서 생겼느니라.

寂兮寥兮 獨立而不改

적寂하고 요寥하니 스스로 서서 고침이 없고

周行而不殆

움직이는데 위태롭지 않아

可以爲天下母

가히 천하의 어머니라 할 만 하니라.

吾不知其名 字之曰道

나는 그것의 이름을 모르지만 그것의 자字를 도道라 한다.

(제25장 道法)

道沖而用之或不盈

도는 깊어서 쓰고자하면 채워져 있지 않을지도 모르느니라.

淵兮似萬物之宗

실로 깊어서 만물의 근원인 듯하도다.

挫其銳

도의 날카로움을 쳐내고

解其粉

복잡하게 얽힌 것을 풀어 헤치면

和其光

그 모습은 빛이 어우러지는 모습과 같고

同其塵

낱낱의 티끌과 같으니라.

湜兮似或存

물속에 깊이 잠겨 있는 것과 같이 어찌 보면 있는 것 같기도 하지만

吾不知誰之子

나는 그것이 어디서 나왔는지 모르는 도다.

象帝之先

다만 말 할 수 있는 것은 현상계보다는 먼저 있었다는 것뿐이니라.(제4장 或存)

– 이상 李慶淑 옮김 –

역시 2,400여 년 전에 살았던 노자의 우주관인 도道를 설명

함이 오늘날 탐구하려는 우주탄생의 가설과 매우 근사함에 놀라지 않을 수 없다.

노자의 사상을 이어 더욱 구체화 시켰다는 장자莊子 외편外篇 제22장 제8편 물성생이론物成生理論에 이런 내용이 있다.

역시 같은 맥락의 우주관이 아닌가 한다.

"泰初有無. 無有無名, 一之所起. 有一而未形, 物得以生, 謂之德. 未形者有分, 且然無間, 謂之命. 留動而生物, 物成生理, 謂之形.

모든 물物의 최초는, 오직 무無이다.

그것은 존재하지 않으므로 '무無' 라고도 어떤 것이라고도 이름 붙일 수 없는데, 그것에서 오직 하나의 시초가 시작된다.

그 하나의 시초는, 어떠한 모습體을 지녀야만 하는데, 아직 그 형체를 갖추고 있지는 않다.

그렇지만, 그것이 있어야 만이 물物이 이루어지며, 이 하나의 시초를 '덕德' 이라 하는 것이다.

덕德은 구체적인 모습을 하고 있지는 않지만, 각각의 물物로 분화되는 구별을 지니면서도 일반 공통적이어서 어떠한 구별도 짓지 않는다. 이와 같은 분화되는 경향을 '명命' 이라 하는 것이다.

이상의 일一 · 덕德 · 명命이 작용하여 비로소 구체적인 물物이 성립되게 된다."(朴一峰 譯著 莊子 外篇)

사실 우주가 어떻게 탄생되었는지 창조되었는지 오늘을 살아가는 대부분의 인간들에게 그다지 중요하지는 않다.

그것이 어찌 생겨났던지 알아보았자 지금을 살아가는 방식에 어떤 변화가 있을 성 싶지도 않거니와 그 어려운 이론을 이해하려고 애쓰느니 차라리 재미있는 영화 한 편을 보는 것이 훨씬 정신건강에도 좋을는지 모른다.

그러나 그 먼 옛날에 세 분의 성현께서 각기 다른 시대에, 서로 연락이 닿지 않던 지역에 떨어져 살았으면서도 실생활에 있어 그다지 필요하지 않아 보이는 존재의 근본을, 오직 진리 탐구의 뜻을 가지고 사유한 결과가 이렇게 서로 닮은 설명으로 나타나고 그것이 오늘에 첨단과학으로 재현된다는 사실이 얼마나 놀라운 일인가?

리처드 도킨스((Richard Dawkins)의 〈만들어진 신(The God Delusion)〉을 읽는다.

아무래도 야훼가 당신이 보기에 좋도록 설계하여 세상을 창조했다는 것은 믿어지지 않는다.

제 4 장

겨울 나그네 흉내내기

고등어 통조림을 가장 맛있게 먹은 이야기

울릉도 인상

늦가을, 순천만의 풍경

겨울 나그네 흉내 내기

아직도 목련 꽃망울은 터지지 않았다

혼자 마시는 술

고등어 통조림을 가장 맛있게 먹은 이야기

기차는 새까만 어둠 속으로 하염없이 달려간다.

낮이라면 철길 양편이 모두 높은 산줄기로 이어지는 골짜기 길이어서 그런대로 전망도 꽤 있으련만 산도 까맣고 물도 까맣고 하늘도 검정 일색이니 어디가 어딘지 도무지 구별이 되지 않는다.

그나마 불빛이 제법 반짝이던 정선역에서 내릴 걸 잘못 했나 하는 생각도 들었지만 이미 지나쳐 버렸으니 가는 데까지 가보는 수밖에 없다.

평생을 매달려 살던 직장에서 밀려나 그런대로 한가하게 외국 패키지 투어란 것도 해 보고 집에서 아무 일도 안 하면서 그냥 뒹굴어 보기도 하기를 두어 달여, 사람은 때로 하는 일

없이 마음 편하게 뒹굴어 볼 수 있는 권리, 즉 이른 바 빈둥권權도 요즈음 회자되는 인권人權 중의 하나로 쳐야 한다고 나는 감히 소리 높여 부르짖는 바이다. 오늘은 그냥 청량리역으로 가서 거기서 떠나는 기차 중에서 가장 후지고 낯선 곳으로 가는 걸 골라 타 본다고 고른 것이 이 구절리 행 기차였다.

기차 여행은 그 아늑한 느낌으로 말미암아 얼마간의 가슴 설렘이야 항상 있는 것이지만 특히 중앙선이나 경춘선은 언제 타 보아도 주변 경치가 아름다워서 더욱 좋다.

양평을 지나 갈 때까지는 유유히 흘러가는 한강의 경치가 계속 이어지고 그 강물 위로 부서지는 밝은 햇살, 강원도에 들어서면서부터는 까마득히 높은 산 위로 기차 길이 지나가고 그 기차에 내가 타고 있다는 것이 어린 아이처럼 신기하게 느껴지기도 하며 영월을 지나 갈 때 또 한 번 만나는 남한강 줄기, 그리고 연이어 나타나는 고즈넉한 탄광 마을의 풍경.

나는 기차 길 옆에 올망졸망 들어선 오막살이 집 마당에 나부끼는 기저귀 빨래, 좁다란 골목길에 뛰노는 코흘리개 개구쟁이들, 가을이면 고만 고만한 지붕 위에 널어놓은 빨간 고추, 그런 것들을 차창 밖으로 한가로이 바라보는 것을 좋아한다.

이윽고 기차는 하늘 아래 서너 번째로 높은 곳에 위치한 정선선의 분기역인 증산역에 도착한다. 철도 분기점이라면 아무리 작아도 읍 단위 정도의 시가지를 연상하기 쉽지만 그건 오산이다. 철도가 이곳에 뚫리지 않았더라면 화전 터 밖에 되지 못했음직한 한산한 시골 마을이다.

그 시골 역 한 귀퉁이에 열차라고 이름 붙이기조차 어설픈 객차 2량짜리 기차가 수줍은 듯 서있다. 언제인가 본 적이 있는 듯한 낡은 기차, 육중한 차체에 지붕은 높고 좌석은 벽 쪽에 가로로 길게 붙어 있는 그런 기차가 정선선으로 갈아 탈 손님을 기다리고 있는 것이다.

어디를 나들이 갔다가 오는지 보퉁이 하나둘씩은 모두 이고 든 채 시골 아줌마 아저씨들이 좌석을 반쯤 채웠을 무렵, 기차는 서서히 움직이기 시작하고 별어곡인가 하는 낯선 이름의 역 몇 개를 지나는 동안 내리고 타는 손님은 거의 없고 승객이라야 모두 같은 동네 사람들인지 창밖의 풍경에는 아랑곳하지 않고 서로 간 이야기꽃이 한창이다.

그나마 정선역에 도착하자 거의 다 내려 버리고 차 칸 한 편에 몇 몇 승객이 졸고 있을 뿐인데 정선을 출발할 무렵부터 창밖에는 어둠이 깔리기 시작하고 일찍 켜놓은 불이 반짝거린다.

정선을 지나서도 잠깐씩 몇 정거장을 거치면서 기차는 캄캄

한 어둠 속을 덜컹대며 계속 달린다.

스팀은 의자 밑에서 칙칙 소리를 내면서 들어오고 있지만 창밖은 어둡기만 하고 찻간에는 손님 몇이 있을 뿐이니 낯선 풍경이 퍽이나 을씨년스럽다.

그러기를 얼마나 지났을까, 마침내 기차는 목적지이자 종착역인 구절리에 닿는다.

이런 산골의 종착역이란 것이 뭐 그리 대단스러우랴.

역무원 두엇이 근무하는 역사에서 개찰이랍시고 표를 내어주고 밖으로 나오니 몇 사람 먼저 내린 승객들은 삽시간에 어둠 속으로 바퀴벌레 숨어들 듯 사라져 버리고 횅댕그렁한 역광장 가로등 밑에는 달랑 나 혼자만 남아있다.

눈이 어둠에 익숙해질 동안 한참을 그렇게 서 있다가 아무리 둘러보아도 사람 사는 동네가 보이지 않길래 할 수 없이 역으로 되돌아가 역무원에게 구절리가 어디냐고 물었더니 참 이상한 사람도 다 보겠다는 듯 쳐다보면서 신작로만 따라가라고 일러 준다.

아무리 어두워도 신작로는 훤히 보이는 법, 행인은 아무도 없고 아직 잔설조차 희끗 희끗 남아 있는 길을 휘적휘적 걸어가면서 느끼는 기분은 자못 달콤하면서도 불안하다.

"이 외진 산골 마을의 주막집은 과연 어떤 풍경일까?"

"혹시 여관 하나 없어 잠 잘 곳도 못 찾는 것 아닌가? - 에이, 그래도 명색이 기차 종점인데 여관 하나 없을라고."

"오늘 밤엔 무얼 안주로 해서 소주 한 잔 걸칠까나?"

머리 위에는 별이 총총히 빛나는 신작로 밤길을 한참이나 걷다 보니 저 쪽으로 반짝이는 불빛이 나타나는 것이 사뭇 반갑다.

마을 어귀로 들어서니 질퍽거리는 외길 양 옆으로 집들이 죽 들어서 있는데 대부분 불은 꺼져 있고 구멍가게 두어 집에서 백열등 불빛이 반짝거린다.

동네 뒷골목을 어슬렁거리면서 그럴 듯한 술집을 찾아보려던 기대는 애당초 한참 잘못 먹은 생각이었다.

그나마 다행스럽게도 구멍가게 앞에 빨간 바탕에 흰 글씨로 '여관' 이란 허름한 입간판을 발견하고는 얼마나 반가웠는지.

이것저것 가릴 것 없이 들어가서 늙수그레한 주인아줌마로부터 방을 안내 받으니 그렇고 그런 시골 여관 방, 노란 비닐장판 아랫목에 한 시루 앉을 자리만큼만 까맣게 눌어붙어 있는 것이 첫 눈에 띈다.

창문은 하나뿐인데 외풍은 꽤나 셀 것 같고 몸을 기대앉기 싫을 만큼 퇴색한 벽지 - 그러나 지금 처지가 찬 밥 더운 밥 가릴 형편이 아니다. 이만 해도 시골 역사 대합실 신세 지는 것 보다야 훨씬 낫지.

잠 잘 곳을 마련했으니 이젠 먹을 궁리를 해야 할 차례, 주인아줌마에게 저녁을 청하면서 소주 한 잔 먹을 수 있겠냐고 물었더니 저녁이야 집에서 먹는 김치찌개에 밥 한 그릇 해 줄 수는 있지만 술안주는 없단다.

안주 없이 술을 먹을 수야 있나, 소주에는 아무리 못해도 멸치 대가리 정도는 있어야 되는 법 - 그래도 이 산골 이 야릇한 밤에 술 한 잔 없이 잠을 청한다는 것은 더욱 안 될 말이고, 참, 이 집이 구멍가게도 겸한 집이렷다?

얼른 가게로 나가 알량하게 진열해 놓은 물건을 살피니 얼마나 오래 됐는지 뽀얗게 먼지를 뒤집어쓰고 있는 고등어 통조림이 눈에 들어온다.

앗싸! 이것이다 하고 냉큼 집어 들고 아줌마에게 김치찌개에 같이 넣어 끓여 달라고 부탁했다.

예상한대로 방은 까맣게 눌어붙은 아랫목 자리만 엉덩이를 붙이지 못할 만큼 뜨거웠고 외풍은 셌으며 천장에는 백열등 하나가 깜박거리고 있었으나, 조그만 창 밖에는 산봉우리 사이의 검은 하늘에 무수한 별이 빛나고 있을 것이다.

개다리소반에 고등어 통조림을 까 넣은 김치찌개 한 냄비, 그리고 소주 한 병 반.

그날 밤 한 숟갈씩 음미하며 떠먹던 고등어 통조림이 내 생애에서 가장 맛있게 먹었던 고등어 통조림으로 기억한다.

돌이켜 헤아려 보니 어느 덧 7년이 지난해의 3월 어느 날 이야기이다. 세월 참 빠르다.

울릉도 인상

하늘도 파랗고 바다도 파랗다.
위 아래로 파란색 사이를 수평선이 가른다.
그 파란 수평선에 티눈처럼 붙박인 바위 섬 울릉도.

바다에서 솟아난 땅,
그러나 땅이라기엔 그저 봉우리 하나가 우뚝한 것일 뿐
억만년을 할퀴고 간 모진 풍랑에
바다와 맞닿은 땅은 모두 낭떠러지가 되었다.

그 높다란 절벽 저 아래에
까치집처럼 올라앉은 함석 집 한 채.

누구였을까?
저 궁벽한 터에 맨 처음 둥지를 틀고 자리 잡은 사람은.

망망한 바다를 건너서
아득한 산꼭대기를 올려다보면서
쫓겨 나왔을망정 그래도 고향이라고 하마 육지를 그리워했을까?

앞에도 깎아지른 해안에 파도만 거칠게 이빨을 드러내고
뒤에도 깎아지른 산등성이에서 다만 흙 한 무더기가 흘러 내렸다.
오르내리기에도 벅찬 가파른 돌무더기 흙더미에
손바닥 만한 호미자락 하나로 일구어낸 한 뼘 밭이랑은
얼마나 대견스런 나의 땅뙈기였던가?

저만큼 푸른색을 이루어내기까지
몇 대에 걸친 여인네들이 앉은뱅이인 채로 뼈마디가 녹아 버렸다.

나라 임금조차 멀고도 험하다 내팽개친[1] 땅에
쇠심줄보다 질긴 목숨 하나 담보로
빈 집 마당에 망초대 우거지듯 슬그머니 자리 잡아
저 알량한 밭뙈기에서 추수라고 거둬들인 초라한 낱알 몇 말로
새끼들의 새알만큼 작은 뱃고래나마 채울 수 있으랴.

하염없이 눈만 쌓여 가는 기나 긴 겨울나기
하고 한날 굶주림에 미쳐버린 아낙네는
마당가에 덮인 눈을 정신없이 파먹었더란다.
파헤쳐진 눈 밑에 돋아난 새파란 명이[2] 잎사귀는
허기진 생명에게 얼마나 큰 환희였던가!

이 섬에 내려진 작은 축복 나리분지[3]를 지나
턱까지 차오르는 가쁜 숨을 뿜어대며
허위단심 올라가는 성인봉[4] 가파른 산길 옆으로
그 아릿아릿한 맛의 명이 나물이 지천으로 자라고 있다.

이제는 웬만한 파도에도 울렁거리지 않을 만큼 커다란 여객선
스피커에서는

울렁 울렁 울렁대는 울릉도 트위스트 가락이 연신 흘러나오고
뱃머리에 너울대는 흰 갈매기조차 통통히 살이 쪄 있다.

---

1) 울릉도의 공도정책空島政策: 1882년(조선 고종18년)에 개척령이 내려지기까지 역대 조정에서는 유민 방지, 왜구 출몰 등의 이유로 울릉도에 사람이 들어가 살지 못하게 하였으나 죄를 짓거나 가난에 몰린 사람들이 몰래 들어와 살기도 했다고 한다.

2) 마늘과에 속하는 울릉도 특산의 산나물.

3) 분화구로 이루어진 울릉도에서 가장 넓은 평지.

4) 해발 984m의 울릉도 주봉.

늦가을, 순천만의 풍경

하얀 갈대 머리 위로 부서져 내리던 햇살이 한 덩이 검은 구름에 갑자기 가려진다.

갯바닥을 닮은 거무스레한 색깔의 좁은 물길이 오히려 아늑한 느낌이다.

그 물길 가장자리에서 물 바라기를 하던 흑 두루미 한 마리가 왜 남의 먹잇감 사냥을 방해 하냐고 불만스러운 듯 느릿한 날갯짓으로 뱃머리 저만큼 앞에서 너울거리며 날아오른다.

물길 양옆에 들어 찬 갈대는 두루미는커녕 뱁새 한 마리 파고들어 갈 틈이 없도록 빽빽이 우거져서 웬만한 바람에도 끄떡없이 다만 흰 머리를 가볍게 살랑대면서 바람을 맞는다.

11월 중순, 순천만의 아침에는 이렇게 맑은 햇살과 이따금씩 심술부리는 검은 구름과 검은 개펄, 그리고 갈대와 철새들만 어우러지는 자리에 이들과는 어울리지 않는 낯선 나그네 대 여섯이 작은 통통배 위에 앉아 있었다.

좁은 물길을 간신히 되돌아 나온 배는 통통거리며 점점 더 너른 물길로 나아간다.

우선 탁 터진 시야에 끝없이 펼쳐진 갈대, 갈대밭.

저쪽에 펼쳐지는 수평선.

가까운 육지의 야트막한 산에는 미처 떨어지지 않고 남아 있는 초라한 단풍일지라도 단조로운 색깔의 갈대밭과 개펄 위에서 오히려 다채롭다.

검은 구름이 드리우는 파란 하늘을 배경으로 이따금씩 오리가 무리를 지어 날아간다.

물이 닿지 않는 개펄에는 온통 갈대뿐이다.

손바닥만 한 공간도 허용치 않았다.

억센 뿌리를 무른 개펄 땅에 박고 굵은 줄기에서 피워 낸 잎사귀는 이미 누런 색깔이 하얗게 바래가고 있으며 밑동에 남아 있는 푸른빛도 생기를 잃은 채 서걱댈 뿐이다.

하얀 갈대 이삭에 붙어 있던 씨앗들은 이미 바람에 실려 떠난 지 오래이다.

그래도 갈대는 굳건히 서로가 서로를 받쳐주며 그 땅 위에 서있다.

바닷물만 넘나드는 개펄일망정 이 땅은 나의 영토일러니 누구라도 함부로 넘보지 못 할지니라! 마치 갈대의 독립선언을 듣는 듯하다.

물이 빠진 건너편 뻘밭에는 오리 떼들이 듬성듬성 앉아 있고 흑두루미가 키 자랑하듯 게을리 서있다.

가까이 보이는 물가에 청둥오리의 초록색 목덜미가 제법 위엄을 돋보이게 하고 있는데 아직 떠나지 못한 여름 철새인 쇠백로 한 마리는 가냘픈 다리가 찬바람에 시려 오는 듯 잰 걸음으로 갯바닥을 뛰며 먹잇감을 후빈다.

물살을 가르면서 통통거리고 가는 배를 아랑곳하지 않고 앞으로 날던 갈매기가 옹기종기 모여 있는 오리 가족 사이에 내려앉더니 사이좋게 먹잇감을 찾는다.

저쪽 하늘로 두루미 세 마리가 느린 날갯짓으로 날아간다.

옆에 앉은 초로의 부부가 저희들끼리 말을 주고받는다.

"어머, 엄마 아버지 아들 같네요."

"딸이 아니고?"

나도 한마디 끼어든다.

"내가 보기엔 며느리 같은데요?"

어설픈 농담에 이들이 억지로 웃어준다.

저 녀석들 날아가는 모습은 저희들 깐에는 바쁜지 모르겠으나 보는 사람 눈에는 한가하기만 하다.

같은 날짐승이라도 오리의 날갯짓은 날개가 보이지 않을 만큼 파닥거리는가 하면 가장 방정맞은 마도요는 호르륵 날아오를 때 보면 하얀 배때기만 보일 뿐 날개는 아예 보이지도 않는다.

배가 너른 바다로 갔다가 돌아올 즈음에 향일암에서 해돋이를 보고 순천만 갈대를 다시 보러 왔다는 중년의 사내가 배낭을 뒤지더니 소주 한 병을 꺼내어 이 좋은 풍경을 바라보며 같이 한잔 마시잔다. 싫다고 했다.

말인 즉 못 마신다고 했지만 이 장엄한 풍경을 몽롱한 취안으로 바라보고 싶지 않다.

허파까지 스며드는 서늘한 가슴으로 맞고 싶다.

다시 나온 햇살이 갈대의 빈 이삭에서 반짝인다.

씨 떨어진 갈대 이삭을 바라보며 내 나이를 생각함은 지나친 청승일까?

겨울 나그네 흉내 내기

인터넷으로 검색하여 교통편을 알아 본 뒤 무작정 안동행 왕복 기차표를 예매해 놓았다.

월여 전 순천만에서 만난 나그네로부터 자기가 가 본 곳 중에서 청량산이 가장 아늑하고 인상적이더라는 말을 듣고 그때부터 한번 가 보리라 생각하고 있던 터였다.

이것저것 생각하고 망설이다가는 이 겨울을 기차 한번 못 타보고 지내버릴 것 같다.

대충 지도 검색 한번 하고 버스터미널 전화번호만 알고는 배낭을 꾸려 청량리역으로 가서 오후 3시 발 무궁화호를 탔다.

넓은 찻간에 승객 몇이 띄엄띄엄 앉아 있을 뿐 차안은 마냥 한가한데 시간이 되자 스스르 움직이기 시작한다.

양평을 지날 때까지 이어지는 한강의 푸른 물줄기는, 더구나 그 물결 위에 맑은 햇살이라도 반짝거리면 그것은 언제 보아도 정겹고 따뜻한 풍경이다.

경기도 경계를 지나면서부터 차창 밖 양지 바른 마을에 옹기종기 들어선 집들의 울긋불긋한 지붕엔 눈이 하얗게 덮였는데 양지쪽으로는 이미 다 녹아 버렸다.

비탈진 과수원에는 작달막한 과수들이 잎은 다 떨어진 채 꼬불꼬불한 가지들만 앙상하게 뻗치고 해바라기를 하고 있다.

제천을 지나고부터는 겨울의 짧은 해가 어느덧 서쪽으로 뉘엿뉘엿 지고 있는데 하늘의 불그스레한 노을빛이 그 아래 늘어선 산봉우리들의 검은 능선과 갈수록 더 뚜렷하게 대비가 된다.

철로 변에 황혼이 오면 가장 먼저 불이 밝혀지는 것은 도로변의 가로등이다.

그 가로등 불빛이 어른거리는 때문인지 몰라도 이따금씩 지나치는 산간 마을의 고만 고만한 집들의 창문에선 여간해서 불빛이 보이지 않는다.

그렇다가도 간간이 그런 집들의 창문에 환한 불빛이 새어나오는 것을 보노라면 무슨 동화 속으로 빨려 들어가듯 마음이 푸근해진다.

이래서 기차 여행이 좋다.

버스 여행도 좋지만 아무래도 철커덕거리는 규칙적이고 단조로운 바퀴소리와 함께 드넓은 창문을 통해 바라보는 바깥 풍경, 아늑한 차안 분위기, 그리고 도로 사정에 관계없이 설데서고 갈 데를 가는 편안함이 기차 여행에 비할 바 아니다.

더구나 자가용을 손수 운전하여 떠나는 여행은 편리함은 있을는지 모르겠으나 밖의 풍경을 한 번 보려고 해도 운전에 신경 쓰느라 훔쳐보듯 힐끔거려야 하니 여행의 맛도 없으려니와 일단 가지고 나온 차는 움직이지 않을 때는 주차 걱정이 짐이 되고 그럴 듯한 곳을 만나 술이라도 한잔 하려 하면 바로 애물단지가 되고 만다.

단양에 이르기 전에 날은 완전히 저물어 창밖엔 아무 것도 보이지를 않는다.

기차 여행은 낮에 해야 제 맛이 난다.

어쩌다 길목에서 마주 치는 야간열차는 밝은 빛이 후다닥 지나치는 것이 퍽 낭만적인 것 같지만 실상 그 안에 타고 있는 승객으로서는 밖이 안 보이니 지하철을 타고 가는 거나 다름이 없다.

안동에 도착하니 8시가 다 되어 가는데 우선 내일 청량산행 버스를 탈 곳과 시간을 알아보니 버스 정류장은 바로 역 앞이고 시간은 아침 8시 50분이 적당하겠다.

네온사인 휘황찬란한 모텔이 우선 눈에 띄는데 어쩐지 그런 곳은 싫고 그냥 ○○장이라고 불빛이 가물가물하고 허름한 여관을 들어서니 할머니 한분이 나와서 방 안내를 하는데 손님이라곤 나 하나 밖에 없는 것이 분명하다.

배낭만 던져 놓고 여관 찾을 때 보아둔 먹자골목을 두리번거린다.

낯선 고장에 와서 좋은 식당을 찾자면 우선 사람 많은 곳을 찾아가는 것이 좋고 사람 많은 곳이 없으면 군청이나 경찰서 뒷골목을 찾아가면 대개는 싸고 괜찮은 집이 있게 마련이다.

내 경험상 이것은 틀림없는 사실이다.

안동 간 고등어 구이가 입맛에 맞을 듯해서 기웃거려 보았으나 홀 안이 썰렁하니 손님이라곤 없다.

안동 숯불갈비를 크게 써 붙인 집이 꽤 여럿이 늘어섰는데 그중 한 집을 기웃거리니 제법 손님이 많아 보이길래 우선 문을 열고 들어서서 1인분도 파느냐고 물어보니 판단다.

몇 번 경험해 보았지만 숯불 피우는 고기 집에서는 1인분은 숯불 값도 안 나온다고 퇴짜를 맞기 일쑤이기 때문이다.

1인분을 파는 것까지는 좋았지만 값에 비하여 맛이나 양은 만족스럽지 못했다.

6천 원짜리 갈비 한 대를 추가하고서야 소주 병반을 치울 수 있었다.

얼큰해져서 여관방에 들어와 불을 켜니 스위치 옆에 동글동글하고 예쁘게 쓴 글씨가 눈에 뜨인다.

"서 양 010-109x-10xx."

"은 양 011-208x-20xx."

얘기인 즉, 마음 동하면 서 양이나 은 양이나 불러 달라는 건데 이렇게 허름한 여관에서도 할 장사는 다 하고 있네 그랴.

다음 날 아침 일찍 잠은 깼으나 한동안 이불 속에서 미적거리다가 7시가 되어서야 보온물병을 꺼내 들고 해장국 집을 찾았다.

늦은 해는 아직 떠오르지 않아서 컴컴한데 밝은 해장국집 테이블에는 작업인부로 보이는 아저씨 몇이 앉았고 또 한 테이블에는 20대로 보이는 아가씨 셋이 앉아 있다.

저마다 담배 한 대씩을 꼬나물었으며 해장국은 반쯤 비워진 채 식어 가는데 테이블 위에는 벌써 빈 소주병 둘이나 있다.

이 한 겨울에도 반팔 윗옷에 미니스커트라니… 그러나 외투만은 두툼한 털이 달린 푹신한 모피 옷이 의자에 걸려 있고 저마다 이미 불콰해진 얼굴에 꽤 심각한 표정을 짓고 뭔가를 열심히 토론하고 있다.

예쁜 글씨의 서 양이나 은 양도 저들 중 하나이겠거니.

'영자의 전성시대' 이래 대도시나 지방도시나, 역전의 살아가는 풍경은 참으로 꾸준한 전통을 이어가고 있구나.

해장국 한 그릇을 대충 비우고 난로 위에서 설설 끓는 물을 보온병에 하나 가득 담아서 옆 가게에서 컵 라면도 하나 사서 버스에 올랐다.

오가는 차량이 뜸해서 눈도 채 녹지 않은 시골길을 한 시간여 달리는 동안, 간간히 마주치는 안동호의 물 위로 하얀 물안개가 피어오르는 모습이, 데우고 있는 물에서 김이 모락모락 솟아오르듯 아침 햇살에 더욱 선명하다.

청량산 입구에 도착하니 텅 빈 주차장에 대형 식당 간판만 몇 개 횅댕그렁하게 걸렸을 뿐 도대체 사람이 눈에 뜨이지 않는다.

명색이 도립공원이니 아무리 제철이 아니라 한들 그 흔한 관광버스 몇 대라도 있을 것으로 예상했는데 전혀 그게 아니다.

초행길이니 남들 가는 길을 따라만 가면 되겠지 하던 당초 생각과는 거리가 멀다.

어쨌건 매표소 입구에 서있는 안내지도를 보고 또 보고 머리에 넣은 다음 매표소로 다가서니 직원 한사람이 오랫동안 사람 오기를 기다렸다는 듯 밖에까지 나와서 표를 끊어 준다.

입석立石까지 2.8㎞는 넓은 아스팔트길에 눈이 하얗게 덮였는데 오가는 사람도 없었던지 발자국도 몇 개 찍히지를 않았다.

길옆으로 따라 흐르는 개천은 온통 하얗게 얼어붙어 있고 이따금씩 가파른 산 위에서 떨어지던 실 폭포도 모두 하얗게 고드름이 되어 붙어 있다.

길은 처음부터 골짜기 응달로만 이어져 방한모 귀마개를 내리고 턱까지 여몄어도 얼굴이 시릴 정도로 춥다.

그렇게 혼자서 40분여를 걸어가는데 문득 개천 건너 산비탈에서 부스럭거리는 소리가 들려 쳐다보니 새까만 염소 떼가 여기저기 흩어져 무언가를 찾아서 먹고 있는 것이었다.

눈 덮인 산비탈에 있는 것이라고는 돌덩이와 관목 덩굴, 그리고 가랑잎과 말라버린 풀 검불 따위 밖에 없는 저곳에서 먹이를 열심히 찾고 있는 녀석들이라니… 저 녀석들은 그만큼

먹성이 좋고 거친 먹이에도 견디는 힘이 강하다고 배웠다.

언젠가 나이 더 먹어 할 일이 없어졌을 때, 조그만 야산을 하나 사서 염소나 키워 볼까나?

저 녀석들이라면 적당한 방목장소만 있으면 먹이 주고 똥 치우고 하는 돌보는 노력이 적게 들고도 키울 수 있으니, 허술한 비 막이 우리나 하나 지어주고 아침저녁으로 마릿수나 세어 보고… 하는 식으로 공상을 시작하다가 혼자서 피식 웃고 말았다.

입석에서부터 본격적인 산행이 시작된다.

등산로는 입구부터 말끔히 다듬어져 있어서 초행길이라도 어려움 없이 오를 수 있었다.

청량산은 밑에서 바라보아도 기암으로 이루어진 봉우리가 중국의 동양화를 보는 듯 능선의 곡선이 특이하더니 오르면서 보아도 봉우리마다 불끈불끈 솟은 모양이 도봉산 봉우리에만 익숙하던 나그네의 눈에는 신기하다.

가파르다가도 밋밋한 산길을 걸어 가다보니 시리던 얼굴에서는 어느덧 땀이 흐르고 이름 있는 약수터도 몇 개 있는데 모두 얼어붙어서 물맛을 보지 못하겠다.

그렇게 오르기를 한 시간이나 됐을까?

깎아지른 암벽 아래 양지 바른 곳에 오두막집 같은 암자가 눈에 들어온다.

응진전應眞殿 – 내 눈에는 까만 기왓장이 오히려 정다운데 이고에도 동기와 불사를 한다고 시주를 구하고 있다.

사람 사는 곳이라고 그 알량한 절 옆 공터에 축대를 옹기종기 쌓아 올리고 손바닥만 한 밭뙈기를 일궈 놓은 정성이 안쓰럽다.

말라붙은 그 밭이랑에 겨울 햇빛이 따뜻하게 비치고 있다.

조금 지나 건너편 산등성이에 청량사 절집들이 한 눈에 들어오는데 건너보아도 참 아늑하게 자리를 잡았다.

최치원이 물을 마시고 총명해졌다는 총명수聰明水, 김생이란 신라 때 서예가가 서도書道를 닦았다는 김생굴을 지나 가파른 산길을 숨이 턱에 닿아서 올라가니 자소봉紫霄峰이다.

깎아지른 암벽만으로 이루어진 봉우리 – 멀리 가까이 산봉우리와 계곡들이 즐비하게 펼쳐지고 철책 난간을 집고 아래를 보니 아찔한 현기증이 올 정도로 깊은 절벽이다.

여기서 가지고 온 컵라면에다 뜨거운 물을 붓고 점심을 때우는데 이곳에서야 등산객 한두 팀을 만날 수 있었다.

반갑다고 권하는 소주 한잔을 굳이 마다하는 것은 아무래도 홀로 산행은 조심이 우선이니까 그들도 이해하리라.

내려오는 길에 찾아간 청량사는 순천만 나그네가 일러준 대로 참 아담하고 정갈한 절이었다.

삼면이 아름답고도 층층한 기암절벽으로 둘러 싸여있고 남쪽으로 트인 계곡으로 들어오는 햇살로 절 전체가 항상 환할 것 같다.

본당이라는 유리보전 앞에 석탑은 그렇다 치고 종루 앞에 정정한 노송 한그루가 그윽한 품위를 자아낸다.

어느 절집이나 산 쪽으로 가장 가까운 곳에 위치한 조그만 산신각은 불교 이전에 터 잡고 있던 토속 민간신앙이나 도교와 불교가 어우러지는 사이에 생겨난 우리나라만의 독특한 흔적이 아닌가 하며 제법 유식한 추론을 해본다.

"원효대사, 의상대사가 터를 잡고 수행하고" 하는 따위의 절 안내판을 싫은 숙제하듯 대충 읽고 하산하여 매표소에 이르니 오후 2시가 조금 넘었다.

안동행 버스는 4시 20분에나 있고 서울행 기차는 내일 12시 표를 예매해 놓았으나 하룻밤을 다시 역전거리에서 머뭇거리기는 정말 싫다.

버스 운행시간표를 보니 바로 2시 20분에 봉화로 가는 편이 있다.

기차표는 예매를 취소하면 될 테고, 하루를 더 자더라도 기왕이면 같은 데서 잘 필요가 없다.

봉화행 버스를 타고 가려니 이 길은 안동에서 오는 길보다도 더 한가한 그야말로 깡촌 시골길인데 인가는 보이지 않건만 길 옆 산비탈에는 올망졸망 천수답들이 이어져 있다.

하루 4~5번 다니는 버스에 오르내리는 사람마다 사람 좋게 보이는 버스 기사는 일일이 다 아는 체를 한다.

봉화에 도착하여 바로 기차역으로 가서 예매한 표를 당일 서울행으로 바꿔 달라니 20분 후에 영주에서 갈아타는 차편이 있다고 친절히 안내해 준다.

기왕 이틀을 기약하고 나온 길이니 중간에서 하루를 더 자더라도 산속으로 달리는 영동선 기차를 타 볼 요량으로 태백을 경유하여 가는 차편을 알아 달라고 하니 오후 6시 차편인데 태백에서 하루를 자야 한단다.

오후 6시면 이미 날은 다 저물어 바깥 구경도 못하면서 가느니 차라리 바로 출발하는 영주 경유 차표를 끊었다.

표를 끊고 잠시 기다리는 사이 목이 몹시 말랐다.

그러고 보니 아침 이후 산에 오르면서 땀도 꽤 흘렸고 더구나 점심은 짠 컵라면으로 때운 터에 산의 약수는 모두 얼어붙어 물 한 모금 마시지 못한 것이다.

둘러보아도 마실 물은 없고, 할 수 없이 매표소 창구로 가서 물 한 컵을 청하니 냉수를 주랴 온수를 주랴 일일이 물어가며 냉수를 청했더니 받침까지 받쳐서 갖다 준다. 단숨에 마셔 버리니 빙긋이 웃더니 또 한잔을 받쳐 내준다.

통통한 몸매에 안경 쓴 이 아줌마 철도 공무원, 아까부터 복잡한 환불 절차에 노선 변경에 꽤 까다로운 절차를 친절히 안내해주더니 이런 서비스까지 정성으로 마다 않으니 그 친절이 오래 기억에 남는다.

영주에서 기차를 갈아타면서 얼른 우동 한 그릇을 먹고 소주까지 한 병 사서 바로 출발하는 기차에 올랐다.

넓은 찻간에는 의자 몇 개에 승객이 앉았을 뿐 거의 빈차나 마찬가지이다.

앞좌석을 돌려 마주 보게 하고 그 위에 발을 올려놓으니 그렇게 편할 수가 없다.

이번 여행은 버스도 기차도 척척 시간이 맞추어 주는데다 좌석까지 이리 편하니 그런 호강이 없다.

소백산맥을 넘는 동안 수많은 터널을 통과하더니 단양을 지나 올 때 단양호를 보니 산맥 하나를 넘었을 뿐인데 물안개 피어오르던 안동호와는 다르게 여기는 언 호수에 하얗게 눈이 덮여 있다.

이윽고 밖은 어둠이 깔리고 나는 아까 산 소주와 미리 준비해 간 치즈를 꺼내어 술을 마시기 시작하였다.

다른 승객도 없으니 뭐 술 마시는 게 남의 눈치를 볼 필요도 없다.

소주 한 잔에 치즈 한 조각, 마지막 술잔을 다 비우고 나니 치즈도 다 먹어버렸다.

마누라가 나의 능력 중 가장 높이 평가하는 것이 바로 이것이다.

즉, "술을 마실 때 보면 마시는 술의 양과 안주의 양을 정확히 일치시켜서 술과 안주를 하나도 남기지 않는 귀신같은 재주를 가졌다"는 것이다.

술을 다 비우고 빈병과 치즈 싼 포장지를 구겨서 좌석 주머니에 넣고 나니 어느새 왔는지 건너편 의자에 앉아 있던 늙수그레한 아줌마가 말을 건네 온다.

"아저씨는 무슨 걱정이 그리 많길래 혼자서 그리 술을 드시나요?"

“어허! 걱정이라뇨? 기분이 좋아지라고 먹는 거지요.”

그러면서 이 아줌마 계속 말을 걸어온다.

“아저씨는 보아하니 인상도 좋고 높은 자리에 계신 것 같아 물어보는데요.”

허어! 인상 좋고 높은 자리에 있는 것 같다니 기분 나쁠 사람 있겠는가?

그러면서 말하는 사연인 즉, 자기가 영등포에 2층짜리 집 한 채를 지니고 살다가 IMF환란 때 아들과 영감이 모두 실직 당하는 바람에 있는 집이라도 건지고자 남에게 보증금 얼마에 월세를 주고 제천에 내려 와서 소, 개 따위를 키워서 겨우 살았는데 그동안 영감은 돌아가시고 자식들은 서울에 남았단다.

그런데 세를 든 사람이 처음에는 돈을 잘 주다가 이즈음에 와서는 보증금조차도 다 까먹은 상태에서 월세도 안내고 나가지도 않는데 그 집 가장도 하는 일 없이 밖으로만 나다니니 만날 수도 없고 집은 안 비워주니 이 일을 해결하려고 서울을 가기는 하는데 자기는 이 경우 경찰에나 찾아가야 할지, 어디를 찾아갈지 모르겠으니 어떻게 처리했으면 좋겠는지 막막하다는 것이었다.

얘기를 들으니 딴은 양쪽이 딱하기는 마찬가지인데 그렇다고 상담을 받았으니 나 몰라라 할 수도 없는 일이고 마지못해 답변을 해 준다.

"나도 전문가가 아니니 잘은 모르지만 경찰서에서 그런 것을 해결해 주지는 않을 것이고 아무래도 젊은 사람이 나을 것이니 아들을 앞세워서 월세 계약서를 가지고 법무사라는 데가 있으니 그곳을 찾아가서 해결해 달라고 하는 게 제일 좋을 것 같네요."

아줌마는 그런 말이라도 해주니 참으로 고맙다는 인사치레를 하는데 말이 길어지다가는 얕은 지식이 바닥을 들어낼라 얼른 자는 체를 하고 눈을 감아 버렸다.

기차는 어둠 속을 덜커덩대며 달려가고 나의 짧은 겨울 나그네 흉내 내기는 이렇게 끝나가고 있었다.

아직도 목련 꽃망울은 터지지 않았다

며칠 전 봄비가 살짝 지나간 후에 마당에 목련 가지 끝마다 꽃눈이 도드라지게 부풀어 오르더니 이틀 전 토요일 저녁에 조금 한가한 마음으로 유심히 들여다 볼 때에는 하얀 꽃망울이 손톱 끝만큼 뾰족이 삐져나와 있었다.

어제 일요일 아침, 평소보다 느지막한 아침잠을 즐기고 아침을 먹은 뒤, 마당 좀 쓸어 달라는 마누라의 주문을 뒤로 미룬 채 배낭을 꾸려 마당으로 나와 살피니 밤사이 벌써 꽃망울이 손가락 한마디만큼 자라 있었다.

해마다 봄은 오고 해마다 꽃은 피건만 매년 이맘때쯤 돋아 오르는 마당의 목련 꽃망울은 그때마다 정답고 아름답다.

일요일이면 항상 어울려 산을 오르던 친구들이 어제는 웬일로 제각기 다 일이 있다며 한사람도 같이 갈 사람이 없으니 이 좋은 봄날에 아무리 마누라가 무서운들 아침부터 마당이나 쓸고 있을 수는 없고 혼자라도 산을 올라야겠다.

몇 달 전에 아들 녀석이 미국에서 사 온 위스키를 반병쯤 물병에 따라 붓고 라면에 부을 물을 뜨겁게 끓여서 보온병에 담았으며 미리 사 둔 치즈 한 덩어리를 배낭에 꾸려서 나서려던 참이었다.

동네 슈퍼에 들려 라면을 사렸더니 빨갛게 잘 익은 방울토마토가 눈에 들어온다.

안주로 치즈만 먹기에는 좀 느끼할 거라 생각했었는데 마침 잘 됐다 하고 얼른 집어 들고 보니 혼자 먹기에는 좀 많은 양이다.

그러나 뭐 좀 남겼다가 마누라를 갖다 주면 마당 쓸라는 분부를 어긴 죄를 조금이나마 사함 받을 수도 있겠다는 생각에 그냥 다 사버렸다.

그리고 내가 회장인 고교산악회의 사전 답사를 겸하여 가까운 북한산을 구기터널 쪽에서, 그러나 쉽고 새로운 코스로 잡아 오를 요량으로 길을 잡았다.

동창 할아범들과 할멈들은 나부터도 그렇지만, 아직도 쌩쌩

한 몇 사람을 빼면, 나이 먹은 탓인지 높고 가파른 산은 오르기를 좀처럼 안 올라가려 하고 경치보다는 쉽고 덜 힘든 코스만을 좋아한다.

그래서 잡은 길이 구기터널 위의 능선과 탕춘대 능선을 연결하는 등산로를 속으로 어림하고 오르기 시작한 것이다.

등산로 입구, 가지만 남은 사시나무 높은 꼭대기에 드문드문 올라앉은 까치집이 봄볕을 받아 더욱 까맣게 보이는데 그런 까치집을 바라볼 때면 왜 그런지 항상 마음이 포근해진다.

등산로는 예상했던 대로 그다지 힘들지 않았고 다른 길에 비하여 사람이 그다지 많지도 않았으며 잘 닦여진 길을 따라 중키의 소나무들이 참나무, 물감나무 등 잡목들과 어울려 그런대로 근사한 풍치를 이루고 있다.

양지 바른 등산로 여기저기에 분홍색 진달래가 벌써 망울이 졌고 성질 급한 놈은 일찌감치 활짝 꽃잎을 펴고 웃고 있다.

춥지 않은 겨울을 보낸 꽃들이 봄을 일찍 당겨 맞아 복에 겨운 웃음을 띠우고 있는 것이다.

탕춘대 능선과 만나는 길에서 사람이 갑자기 많아지는데 군데군데 허물어진 고졸한 성벽의 우중충한 빛깔의 돌길 위를 걷는 화려한 등산복의 젊은 아줌마들이 더욱 돋보인다.

탕춘대 길이 끝나는 지점에서 향로봉으로 올라가는 본격적인 등산이 시작되는데 보나마나 할멈 할아범들이 어려운 등산은 싫다 할 테고 시간을 보니 벌써 한 시간 이상을 걸었다.

쌩쌩한 몇 사람만 가겠다면 향로봉을 올라갔다 내려와서 점심 먹는 자리에 합석하면 될 것이다.

슬그머니 옆으로 빠지는 8부 능선 길로 접어들어 안내 표지를 보니 그게 바로 구기터널 입구 계곡으로 빠지는 길이다.

이 길이라면 내가 아주 잘 아는 길이다.

아주 오래 된 얘기지만 아이들 어렸을 적에는 가족들과 함께 쌀과 반찬을 가져와서 약수 물 을 떠서 밥도 해 먹고 그러던 계곡이다.

이제 슬슬 내려가다가 약수터 근처에 그럴듯한 곳에 자리를 잡으면 된다.

막상 약수터에 가보니 약수는 말라서 10분은 기다려야 겨우 한 바가지나 받을 정도로 찔끔거리고 그나마 근처에는 사람도 많아서 혼자 앉아 술 상 펴기도 좀 계면쩍다.

다시 어슬렁어슬렁 내려가다가 좀 후미지고 사람 눈에 잘 안 뜨이는 장소에 자리를 펴고 가져온 술과 안주를 꺼내어 술 한 잔에 치즈 한 입, 그리고 방울토마토 한 개씩을 무슨 의식을 치르듯이 아주 규칙적으로 먹는다.

아무래도 위스키 반병을 혼자 앉은 자리에서 다 먹기는 좀 무리인 듯해서 술과 안주를 조금 남겨 둔 채 라면에 물을 붓는다.

산에서 먹는 왕뚜껑 라면 맛이 또한 일품이다.

주섬주섬 자리를 치우고 일어서니 시간은 오후 2시가 조금 넘었다.

바로 내려가기에는 좀 이른 시간이라는 생각에 능선 하나를 더 넘어 다음 계곡으로 하산하는데 흐르는 계곡물이 보일쯤에 양지바른 언덕바지에 핀 진달래꽃이 그렇게 예쁠 수가 없어 보인다.

바쁠 것도 없는 날인데 즐길 때까지 즐겨보자는 생각에 진달래 옆에 자리를 잡고 먹다 남은 술과 안주를 다시 꺼내 먹다보니 마누라 주리라고 생각했던 방울토마토까지 모조리 다 먹어 버리게 됐다.

그러면서 물끄러미 바라보는 진달래 그루터기에 붙어 있는 황갈색 참나무 낙엽 위에 반짝 부서지는 봄 햇살이 참 정답다고 느낀다.

다시 일어서서 독박골 동네 입구에 다다르니 불광사佛光寺 표지판이 눈에 띈다.

햇볕 좋은 봄날 오후에 한적한 절 뜰을 거닐어 보는 것도 괜찮겠다는 생각이 들어 발길을 돌렸다.

절 바로 앞에까지 아파트 공사로 시끄럽고 어수선한데도 높직이 자리 잡은 절은 조용한 분위기와 품위를 잃지 않고 있는데 절 앞 참나무에도 까치집이 걸려 있고 그 아래 공사장에서 솟아오른 타워 크레인 끄트머리가 까치집을 부수지 않을까 아슬아슬하다.

이래저래 산에서 내려온 시간이 오후4시가 좀 넘었고 저녁까지는 아직 시간이 많이 남았다.

목욕탕에서 목욕까지 끝냈더니 5시, 아무래도 라면하나로 때운 점심이 좀 부실했던지 슬슬 시장기가 생긴다.

잘하는 해장국 집에 들려 뼈다귀 한 덩어리를 추가해서 소주 한 병을 또 시켰다.

어지간히 취해서 집에 들어와서도 기나긴 봄날이 어두워지려면 아직 멀었다.

마누라 눈치 볼 것 없이 배낭을 벗어 놓는 즉시. 빗자루를 거머쥐고 쏴악쏴악 마당을 쓸기 시작했다.

마누라 잔소리 할 틈을 주지 않고 마당을 쓰는 데야 제가 어쩌랴.

마누라가 슬그머니 다가와서 쓰레기봉투의 주둥이를 벌려서 쓸어 모은 낙엽을 부삽으로 떠 담는 것을 도우며 낮 동안 걸려왔던 아들의 전화 얘기며 외손자가 순해서 벌써부터 제 여동생에게 진다는 둥 얘기가 제법 다정하다.

얕은 담장 너머로 앞집 과부 아주머니가 부러운 듯 힐끔거리며 마당을 스쳐 지나간다.

하루 종일 산엘 오르고 술 두병을 마시고 절구경과 목욕까지 마치고 그리고 마당을 쓸었다.

그리고도 기나 긴 봄날의 해는 남아 목련나무가지를 보니 꽃망울이 조금 커지기는 했어도 뾰족한 망울이 터질 기미는 없다.

사실 목련꽃은 순백의 꽃망울이 볼록할 때가 제일 아름답지 일단 활짝 피고 나면 바로 칙칙한 색깔로 물들어 가며 떨어지는 모습이 아마도 꽃 중에 지는 모습이 가장 흉한 모양이 아닐까 한다.

그 목련 꽃망울이 아직 터지지 않고 있으니 그것이 터지기 전까지 봄은 아직 많이 남아 있다. 그리고 내 마음은 항상 봄에 머물러 있기를 바라마지 않는다.